Bernadette CREISSENT

LA FOI ACTIVE

« Passer du Je Sais au Je Suis »

Les Presses du Midi

Couverture réalisée à partir d'une toile de l'auteur intitulée : "Air et Feu".

Impression PDM

---

121 avenue d'Orient - 83100 Toulon
Tel. : 04 94 16 90 20 - Fax : 04 94 16 90 29
Dépôt légal : septembre 2002
ISBN : 2-87867-411-1

Remerciements

Du plus profond de mon cœur, merci à Jacques et à Gilles, hommes-terre si précieux à la fille-air que j'étais.

Merci à toi, Jacques, pour la fidélité et la constance de ton amour, forces indispensables à ma quête d'absolu. Tu as rejoint le Père peu après mon Éveil à la Vie.

Merci à toi, Gilles, pour avoir compris la valeur de ces autres richesses, et pour m'aider à concrétiser un immense désir de partage.

RÉSURRECTION

Trouant le cœur du ciel pour éclairer ma nuit,
Jadis m'est apparu un halo lumineux ;
Un être transparent aux gestes harmonieux,
Petit frère d'ailleurs, a murmuré "Je suis".

Je me trouvais alors en grande solitude ;
Puis, te sachant vivant, j'ai voulu te revoir.
Je t'ai cherché partout, sans jamais perdre espoir.
Il a germé en moi, ton grain de certitude.

Cependant que j'errais, criant mon désarroi,
Tout me parlait de toi, mais je n'entendais pas.
Puis j'ai cessé ma course, et j'ai fait le silence.
Et là, point minuscule en l'univers immense,
J'ai pris conscience de ta voix.

Tu chantes la musique du vent dans les feuilles,
Tu lances l'éclair blanc, tu roules du tambour,
Tu déchaînes la mer en une pluie d'écume,
Tu fais pleurer de joie, tu fais vibrer d'amour.

Tu guides l'hirondelle au printemps qui revient,
Tu allumes les yeux de celui qui t'accueille,
Tu éclaires ses pas tout au long du chemin,
Tu lui fais le cœur gai, tu lui dis ta chanson :
Mélodie de l'amour sur un air d'espérance,
Le chant de la résurrection.

INTRODUCTION

Aujourd'hui, de plus en plus d'entre nous aspirent à une autre façon d'être et d'appréhender la vie. Cette attirance est souvent ressentie comme un appel, que certains choisissent de vivre à la manière des pèlerins. Ils rassemblent leurs chaussures, leur sac, leur bâton, et se mettent en route vers un lieu Saint bien défini.

Ils suivent les chemins de terre, patiemment, douloureusement parfois. Au terme du voyage, ils en témoignent, c'est en eux-mêmes qu'ils ont fait une rencontre…

D'autres choisissent un lieu de silence, où, sondant les chemins du Ciel, ils sont surpris d'entendre une petite voix surgir du plus profond de leur cœur…

Quelle que soit la manière dont s'est faite la rencontre, c'est vers le vécu de tous les jours, vers le quotidien, que la voix nous incite à retourner, pour le vivre plus richement, plus pleinement, pour le vivre vraiment.

Le chemin ne peut être appréhendé intellectuellement.

Voyage-t-il, celui qui reste chez lui à étudier une carte topographique ?

Tout au long de la pratique, comme autant de pas répétés, affirmations positives et répétitions ont une extrême importance, pour l'impact qu'elles produisent dans l'inconscient.

Là où le mental dira “encore ! Je le sais déjà !”, le cœur, prêt à aller plus loin, comprendra la nécessité et jugera vite de l'efficacité de ces moyens.

Cet ouvrage résulte de neuf années de recherches personnelles. Il s'est constitué peu à peu, au gré des enseignements reçus pendant mes retraites solitaires dans des lieux de silence, ou au cours de méditations. Il s'est enrichi par l'expérimentation de ces enseignements à chaque instant du quotidien, et par le partage opéré au travers des personnes que j'ai pu aider.

Puissiez-vous entendre le témoignage de ma rencontre avec des oreilles d'enfant, et l'accueillir avec un cœur d'enfant !

UN CADEAU MERVEILLEUX

Il y a quelques années, j'ai reçu de la vie un cadeau merveilleux : la compréhension profonde de ma responsabilité dans tous les domaines de mon existence.

Dès l'instant où j'ai compris et accepté cette idée de responsabilité totale, tous les événements du passé ont commencé à s'éclaircir, à trouver leur sens, sortant enfin de cette obscurité que, jusqu'alors, j'appelais "hasard de la vie".

Jour après jour, l'obscurité s'est faite moins dense. Elle s'est dissipée, cette notion terrifiante de hasard, dont on se demande ce qui va en sortir, et quand ça va en sortir.

Issue de cette compréhension profonde : "Je suis responsable", une première évidence est mise à jour : les autres, quoi qu'ils aient pu me faire, n'ont été que des acteurs, dans cette sorte de rêve clair-obscur que je vivais alors.

Ils allaient dans le sens où j'allais. Ils entraient dans ma vie par les brèches que je laissais s'ouvrir, ignorant les effets de mes pensées, de mes paroles ou de mes actions négatives.

Je me sentais faible, donc on me voyait faible.

Je ne prenais pas de décisions, donc on en prenait pour moi.

Je cultivais les peurs, elles jalonnaient mes chemins.

Je cultivais la susceptibilité, la rancune, elles me piquaient au travers des autres.

Je n'aimais pas. J'avais le sentiment de ne pas être aimée.

La vie m'était lourde, vide de sens. Je ne la vivais pas.

Une deuxième évidence naît aussitôt après : **j'ai le choix**, à présent, comme toujours.

Soit je pense à tout ce que j'aurais pu éviter, et je me culpabilise, sortant d'une obscurité pour entrer dans une obscurité tout aussi dense, soit je décide de me pardonner. Je ne veux pas de cet orgueil qui nous fait dire "comment ai-je pu, **moi**, faire de telles erreurs ?" Je ne veux pas de l'orgueilleux sentiment de culpabilité.

Me pardonner toutes les erreurs du passé devient alors nécessaire, indispensable. Plus même : logique, juste, comme on pardonne à un enfant qui ne savait pas. Abandonner ce fardeau comme on sort d'une coquille, d'une prison. Ne regarder que devant, aujourd'hui, et respirer avec joie l'air d'une liberté nouvelle.

Me pardonner humblement a déclenché deux prises de conscience successives.

La première : il est absurde de garder rancune envers qui que ce soit.

Je ne peux plus en vouloir à ceux qui allaient dans le sens où j'allais, dans le sens du non-amour de moi.

Je n'ai donc pas, à ce stade de compréhension, d'effort à faire pour leur pardonner. Rien, ni personne, ne m'y oblige. Le pardon vient à moi, et je leur donne volontiers, avec bonheur.

La deuxième prise de conscience : je réalise le pouvoir immense qui m'est offert.

Il m'est donné la possibilité de transformer toutes les conditions de ma vie, et la force pour y parvenir…

Dès ce jour-là, tout a commencé à changer, dans l'invisible comme dans le visible, dans ma conscience comme dans ma vie quotidienne.

D'ouverture en ouverture, de transformation en transformation, il vient un moment où la force qui opère veut se transmettre, et pousse à témoigner.

Cette force qui nous interpelle, qui se donne à nous, cette force s'appelle **Amour. Amour vrai, absolu**, qui délivre, qui fortifie, qui grandit, qui rayonne, qui déborde, et qui, par son essence même, pousse ceux qu'elle remplit à donner à leur tour.

Pour avoir découvert un monde extraordinaire de forces en mouvement, dans lequel chacun de nous, "petit être minuscule", est cependant si grand, je peux affirmer à présent cette double vérité :

Premièrement : rien ne nous est hostile dans l'Univers qui nous entoure. Le mouvement est perpétuel, la vie tend vers plus de vie, des forces innombrables se meuvent à une vitesse vertigineuse, mais aucune hostilité ne s'y rencontre.

Deuxièmement : vivant au cœur du grand Univers, nous sommes tous créateurs de notre propre univers, donc de tous les domaines de notre vie, et ceci dans les moindres détails.

À présent, une aventure merveilleuse, un voyage prodigieux est possible à chacun de nous. Un voyage qui mène vers le plus profond, le plus petit en soi, et qui débouche sur la plus haute et la plus infinie conception de notre être, des autres êtres, et de la Vie qui nous est commune.

IL Y A LA VÉRITÉ, ET IL Y A MA VÉRITÉ

Ma vérité, c'est ce que mon ouverture de conscience me permet d'entrevoir de La Vérité.

Plus je m'approche du feu, plus je le perçois, plus il me réchauffe. Selon la situation dans l'espace de mon corps physique, plus près ou plus loin de sa flamme, l'intensité de la chaleur sera différente.

C'est la même chose dans le plan subtil.

La Vérité est Une, comme le Feu est Un.

Selon mon ouverture d'esprit, je serai proche ou éloignée de La Vérité.

Une chose sera évidente, et une autre non.

Nous n'avons pas tous la même ouverture d'esprit, donc nous ne nous situons pas tous au même niveau par rapport à La Vérité.

Ce que je suis prête à accepter, ma vérité, n'est pas forcément ce que l'autre est prêt à accepter, puisqu'il n'a pas mon ouverture d'esprit, mais la sienne propre.

Une dame me disait récemment "on nous préserve, on nous montre les choses tout doucement". Cette personne me faisait part de sa vérité du moment.

En fait, nous baignons dans La Vérité, nous avons un accès total, mais nous ne voyons que ce que nous sommes capables d'assimiler, d'accepter.

Certaines personnes affirment : "il n'y a pas une Vérité, mais une infinité de vérités."

Il n'y a qu'Une Vérité. Elle est Amour, mouvement intelligent de la vie, mais il y a de multiples approches de cette Vérité.

Chaque plan de conscience est une approche nouvelle. C'est notre vérité du moment.

Une personne qui a une conception de la vie différente de la nôtre, est une personne qui témoigne de sa vérité ; elle témoigne du plan de conscience dans lequel elle se trouve en ce moment. Cependant, autant que nous sommes, quand nous aurons cheminé, nous connaîtrons tous La Vérité ; nous verrons tous, au bout du chemin, la même Lumière.

L'UNIVERS VISIBLE ET INVISIBLE

L'Univers est constitué d'une infinité d'univers.

La Vie y apparaît, manifestée en une infinité de vies.

Tout, même ce qui paraît inerte, est composé de particules, d'atomes, d'ions…

Par les recherches que l'homme effectue sur la composition de la matière, il constate qu'il se dirige vers l'infiniment petit, or cet infiniment petit est aussi infiniment puissant.

Au bout de l'exploration, la matière se révèle énergie en mouvement, énergie vibratoire.

Le scientifique remonte peu à peu vers la source de toute vie.

L'énergie source de vie, qui est la Vie même, par qui et en qui tout est, tout se meut, cette énergie, que l'œil perçoit uniquement dans ses manifestations, est l'âme de l'univers, harmonie intelligente, Esprit Tout Puissant.

Je note ici la signification du mot **Esprit : Principe immatériel vital.**

Comment, par les œuvres merveilleuses que nous constatons, ne pas dire que l'Esprit est Tout Puissant ?

L'infiniment petit est aussi l'infiniment grand, car Il est en tout. Nous Le contemplons dans tout ce qui est, tout ce qui vit, dans le ballet harmonieux des étoiles, dans les saisons, dans le mouvement des océans, dans les phases de la lune… Cependant tant d'êtres Le cherchent. Nous Le portons au plus profond de nous et pourtant tant d'êtres Le nient.

Il n'existe que l'Énergie Créatrice, que la Vie en mouvement.

Le Principe immatériel vital, énergie, puissance, force, repose et agit dans la profondeur de tout le créé.

Il Est Tout. Il Est en Tout.

Tout est Lui, qui seul Est, Dieu.

Chaque planète, chaque caillou, chaque arbre, chaque animal, chaque être humain, fait partie d'un Tout, en qui nous avons la vie, le mouvement, et l'être. En fait, tout ce qui se voit, c'est l'invisible qui "saute aux yeux."

Cependant, "l'essentiel est invisible pour les yeux", comme le disait Saint-Exupéry.

L'univers, nous l'appelons aussi la **création**. Or, le mot création comprend deux significations :

- ensemble du monde créé.
- action de créer, de tirer du néant.

L'univers est à la fois monde visible et monde invisible, monde créé, et monde créateur.

La terre est un berceau de transformation, lieu créé où, mue par les forces qui l'habitent, la création a le pouvoir de créer.

Tout ce qui vit, tout ce qui vibre, crée.

En toute vie, une forme d'intelligence est à sa place qui crée selon sa ressemblance.

LE PRIVILÈGE DE L'HOMME

L'homme, créé par Dieu, dit la Genèse, *"à son image et à sa ressemblance"*, est à la fois créature et créateur.

Depuis des milliers d'années, l'homme évolue au milieu de la Création. Il y a vécu bien longtemps, avant même de pouvoir s'y tenir debout.

Au fil du temps, il s'est ouvert à différentes manières de créer, dans une quête perpétuelle du mieux-être.

L'homme crée pour la survie et l'accroissement de son espèce, ainsi que le font la plante et l'animal. Il crée avec son corps, il utilise ainsi **le plan physique**.

Longtemps, l'homme a vécu grâce à ses instincts. Les sensations, les émotions qu'il ressentait devant certaines situations dictaient sa conduite. Le but était de survivre : émotion = énergie = riposte… émotion = énergie = fuite.

Aujourd'hui les conditions de vie ont changé, mais demeure en l'homme **le plan émotionnel.**

L'homme crée aussi à l'aide de son cerveau. Son intelligence et son imagination lui ont permis d'apprivoiser certaines forces de l'Univers et de les utiliser pour l'amélioration de ses conditions de vie. Il utilise alors **le plan mental.**

Un autre plan s'ouvre à nous maintenant : l'homme commence à prendre conscience qu'il crée par **l'esprit qui vibre** en lui. Tout comme l'eau tend à rejoindre son propre niveau, dans les vases communicants, la Vie Divine qui œuvre en nous, nous pousse vers un niveau d'être supérieur. C'est **le plan spirituel.**

Dieu est Esprit, énergie en mouvement, force créatrice invisible, se manifestant **visiblement**, dans la matière.

L'homme, fait à **Son Image**, est donc **héritier** de ce pouvoir immense.

Ainsi, toutes **les énergies invisibles qui vibrent en nous** créent **visiblement**, dans l'univers qui est le nôtre.

Qu'il s'agisse de notre santé, notre métier, nos relations avec notre famille ou nos amis, nos finances, nous créons toutes les expériences de notre vie.

Si l'harmonie, le bonheur, la plénitude n'y résident pas, cela ne peut venir que de l'ignorance des lois de la vie.

PREMIER PAS VERS LA DÉLIVRANCE

"Vous connaîtrez la vérité, et la vérité vous libérera." Jean.8.32.

Le Chemin vers la Vérité est une succession de prises de conscience, qui vont bousculer, transformer nos croyances profondes, dont la plus grande partie échappe à notre état conscient.

Tout étant Vérité absolue dans l'univers, changer nos croyances profondes transforme automatiquement nos sentiments par rapport à la vie, et par rapport aux expériences que nous vivons. Nos sentiments étant transformés, notre manière de réagir sera différente.

Ce sont nos sentiments qui produisent nos réactions, nos vibrations. Les énergies de l'homme sont générées par le plan émotionnel. Elles sont les fruits des sentiments qui l'habitent, et ses sentiments sont eux-mêmes issus de ses croyances.

Un seul chemin mène à la Délivrance : **changer nos croyances**.

Pour les changer, il faut les connaître.

Pour les connaître il faut d'abord reconnaître le fait que nous en avons. C'est si simple qu'on oublie souvent de le dire. Il ne suffit pas de s'abriter derrière la croyance religieuse et de s'y arrêter.

Je crois en Dieu Tout Puissant, disent certaines personnes. Je crois qu'il est Amour. Et leurs vies sont pleines de tracas ou de problèmes !

Certains affirment ne croire en rien, ce qui ne peut être !

Prenons donc le temps de mieux nous connaître :

Que pensons-nous au sujet de la vie ? De son devenir ? De notre avenir ? De nous ? De notre santé ? De l'amitié ? De la solitude ? De nos enfants ? De notre famille ? Des autres ? De la société qui nous entoure ? Des religions ? Du monde du travail ? De l'argent ? De la terre sur laquelle nous vivons ? Des conditions climatiques ? etc.

Tout ce que nous pensons, tout ce que nous croyons, cette image que nous nous faisons de la vie, se manifeste dans notre univers personnel. Chaque être baigne donc dans sa vérité, dans ses croyances vérifiées, dans la manifestation de son état d'esprit.

Il ne sert à rien de cacher nos pensées, **nous vivons entourés de notre vérité.**

D'OÙ VIENNENT NOS CROYANCES ?

Que l'on croie en la réincarnation, ou que l'on croie en l'hérédité, la vie qui habite chacun de nous vient de loin, de très loin.

La vie est éternelle, elle coule comme un fleuve, à travers nos ancêtres, à travers nos parents, à travers nous-mêmes, et à travers nos enfants.

Nous naissons tous avec un passé ; “c'est écrit dans nos gênes”, dit-on aujourd'hui.

Notre manière de voir la vie, de l'appréhender, longtemps nous avons cru, jalousement, qu'elle était personnelle. “Moi je pense”, disions-nous, avant de commencer à comprendre que notre manière de vivre est en réalité, “moi je crois”.

Oui, nous sommes des êtres de Foi, nés porteurs de croyances, de programmations inconscientes, dues à toutes les mémoires de ces vies qui nous ont précédés, à toutes leurs qualités, à toutes leurs victoires, certes, mais encore empreintes de leurs défauts, de leurs défaites, de leurs révoltes, de leurs combats, de leurs peurs, de leurs obscurités.

Or, la Lumière est de plus en plus présente, et que fait la Lumière, sinon éclairer les zones obscures, pour que tout soit Lumière ?

Par Amour et pour plus d'Amour, la Vie tend vers plus de Vie, la Vérité tend vers plus de Vérité.

La Lumière de Vérité est agissante, en chacun de nous.

Il nous est possible, maintenant, de quitter le fardeau de croyances diverses, fait de peurs, de superstitions, de préjugés sur la vie ou sur les autres, et de nous libérer de toute entrave.

Abandonner le fardeau, pour la liberté d'Être.

Le fardeau, c'est le plan émotionnel inférieur, programmé pour la survie. Le corps a changé, s'est mis debout, s'est élevé. Le plan émotionnel doit lui aussi s'élever. Il doit abandonner sa nature inférieure, et gagner sa seconde nature, qui est base, fondations pour la Vraie Vie.

PROGRESSER

De nombreuses méthodes de développement personnel s'offrent à nous. Certaines font partie du domaine médical, d'autres surgissent sous le nom de Thérapies Nouvelles. Elles font comprendre l'impact des comportements négatifs sur notre vie actuelle, puis recherchent, dans les traces du passé, les blocages, les nœuds, les fermetures qui ont pu se produire et affectent ainsi notre présent.

Les recherches peuvent se diriger vers un passé plus ou moins récent. Selon la méthode employée, ces recherches se porteront vers notre jeunesse, ou le moment de notre naissance. Pour d'autres, le terrain d'investigation sera la vie intra-utérine, et pour d'autres encore, les vies qui nous sont antérieures…

Démonter une vieille voiture, examiner tous ses mécanismes, les huiler avec la meilleure huile qui soit, et les remonter bien méticuleusement, en fera un véhicule un peu moins chaotique, certainement pas un bolide.

LES RÉGRESSIONS

Quand tu veux faire le grand nettoyage dans ta maison, par quoi commences-tu ? Par te débarrasser de ton sac poubelle qui déborde, ou bien par l'étaler sur le sol pour en examiner soigneusement le contenu ?

Si tu veux devenir neuf, jette tout le "vieux", change dès à présent ce qui ne va pas en toi, et surtout ne perds pas de temps à hanter les décombres !

Or il est une mode, un luxe de curiosité : les régressions.

Rechercher dans ses vies antérieures les causes des désordres de cette vie-ci. Que de temps perdu ! Que d'égarements !

Si cette vie est pleine de désordres, les constater, tout simplement, et prendre aussitôt le chemin de la transformation ; cela seul peut produire un changement positif.

Comment savoir ce qui ne va pas en toi ? Regarde ce qui ne va pas dans ta vie, aujourd'hui. Voir ce qui est, et désirer sincèrement changer. La transformation commence dès cet instant.

Construis, au lieu de hanter les décombres, pris au piège de ta propre curiosité.

La Lumière est ici et maintenant.

Nous avons tous l'obscurité et l'obscurantisme derrière nous. Nous arrivons au bout du tunnel, et nous pressentons déjà l'atmosphère lumineuse qui règne pas très loin de nous. C'est elle qui nous donne envie d'ouvrir les yeux ; alors, ouvrons-les, mais vers elle !

Il y a eu l'ignorance, l'obscurité, puis il y a la compréhension de notre responsabilité ; ensuite vient notre désir de ne plus engendrer de mal. Plus haut encore, vient la possibilité de créer selon l'Amour.

Nous pouvons changer nos croyances, mais pas le fait que nous sommes des Êtres de Foi.

Ainsi, les croyances négatives éliminées, nous grandissons selon notre Foi en de nouvelles croyances.

"Élève ton cœur au-dessus de la barrière, et ton corps suivra", dit le proverbe.

Être Vrais, être libérés, est notre Héritage Divin. Le voir se manifester pleinement, c'est être **conscients de l'Image** qui nous confère la responsabilité, la création par l'esprit, et nous mettre en chemin pour **conquérir la Ressemblance**.

LE CHEMIN

Une voie merveilleuse, une voie unique, nous est ouverte pour conquérir la Ressemblance. Seule la voie de l'Amour peut mener à l'Amour, la voie de la Vérité mener à la Vérité, la voie de la Vie mener à la Vie.

Jésus Christ nous ouvre cette voie *: "Je suis le Chemin, la Vérité, la Vie." Jean.14.6.*

Son enseignement nous amène vers une intensité de vie différente ; il est venu nous apprendre à changer notre vie, et à être heureux, dès maintenant.

Des siècles d'ignorance ont fait apposer sur le Christ l'étiquette d'un professeur de morale, alors qu'il enseigne si génialement le bonheur.

Mais *"entende qui a des oreilles."* dit-il tout au long de son enseignement.

"Vous qui ployez sous le fardeau, venez à moi, et je vous soulagerai." Math.11.28.

"Si quelqu'un a soif, qu'il vienne à moi, et qu'il boive." Jean.7.37.

Il nous délivre lien après lien, jour après jour, si nous suivons activement, réellement, son chemin, sa vérité, sa manière de penser, sa manière de vivre.

Il nous dit comment nous devons agir, et nous donne tous les outils. Nous ne construisons l'homme nouveau en nous qu'en les utilisant. L'homme a les outils, il a le mode d'emploi, cependant il peste envers lui-même, envers les autres, envers la vie, et souvent même envers le Père, le Créateur, parce que la vie qu'il mène ne lui convient pas.

Jésus a aussi prévu cela, quand il dit la parabole du semeur : *"Chaque fois qu'un homme entend la Parole sans la comprendre, arrive le mauvais qui enlève tout ce qui a été semé dans son cœur; c'est celui qui a reçu la semence au bord du chemin.*

Celui qui a reçu la semence dans les endroits pierreux, c'est celui qui a entendu la Parole et l'accepte aussitôt avec joie; mais il n'a pas en lui de racine, il est l'homme d'un moment; vienne une tribulation, une persécution à cause de la Parole, aussitôt il succombe.

Celui qui a reçu la semence dans les épines, c'est celui qui entend la Parole, mais le souci du Monde et la séduction de la richesse, étouffent la Parole, qui devient stérile.

Et celui qui a reçu la semence dans la bonne terre, c'est celui qui entend la Parole et la comprend; et celui-là porte du fruit et produit tantôt cent, tantôt soixante, et tantôt trente." Math.13.19 à 23.

Tous n'entendront pas la Parole, tous n'en feront pas usage, mais ceux qui l'entendront et la mettront en pratique, ceux-là ne seront plus les mêmes ! Ils comprendront que dès à présent, nous pouvons être heureux et bien portants, dans notre vie de tous les jours.

"Je suis la résurrection et la vie." Jean.11.25.

"Je suis dans le Père et le Père est en moi." Jean.14.11.

Jésus, homme-Dieu, dit *"Je ne puis rien faire de moi-même." Jean.5.30.*

Et l'homme, qui croit-il être, pour prétendre agir seul ?

Pour revenir à la Lumière, un seul chemin : *"Nul ne va au Père que par moi." Jean.14.6.*

Ô combien il est facile, à travers l'enseignement de Jésus, et grâce à son aide, ce chemin vers la source de toute Lumière !

Nous recevons notre héritage divin quand nous manifestons l'Esprit du Fils, c'est-à-dire quand nous connaissons et pratiquons en vérité Son enseignement.

Après des milliers d'années, l'humanité a enfin le moyen de connaître le paradis, cette harmonie qu'elle a toujours pressentie.

Ce chemin vers la Lumière devient possible lorsque naît en nous un désir d'ouverture, d'abandon, de confiance. La compréhension, la Lumière, se font de plus en plus limpides, de plus en plus intenses, au fil de la progression.

Seuls nos doutes, nos a priori, nos peurs, nous empêchent de voir la Vérité. Nos défauts sont des défauts de vision ; ils forment, dans le plan subtil, des lunettes noires, opaques.

Acceptons de les ôter, la liberté est à ce prix.

Ouvrir les yeux du cœur, les oreilles du cœur, entendre et parler le langage du cœur, le langage de la Vérité.

"Je suis la Lumière du Monde, qui me suit ne marchera pas dans les ténèbres, mais il aura la Lumière de la Vie." Jean.8.12.

Que devons-nous faire, pour suivre Jésus ?

"Si quelqu'un veut venir à ma suite, qu'il se renie lui-même." Luc.9.23.

Suivre Jésus, ce n'est pas seulement croire en lui ; c'est pratiquer son enseignement. C'est penser, parler, agir à son exemple. C'est le laisser vivre à travers nous. C'est laisser vivre l'Esprit en nous.

Cela n'a rien d'un sacrifice : on abandonne si peu, par rapport à ce que l'on reçoit !

"Qui veut sauver sa vie la perdra, mais qui perd sa vie à cause de moi, la retrouvera." Math.16.25.

Il n'est pas du tout question de perdre sa vie dans le sens de mourir, comme beaucoup le croient ! La seule chose que nous devons laisser mourir, que nous devons sacrifier, c'est ce fardeau dont nous avons hérité ; ce fardeau transmis de génération en génération, de mémoire en mémoire.

Il est constitué de préjugés, de superstitions, de doutes, de luttes, et de toutes sortes de peurs.

Tout défaut est la mise en évidence d'une peur.

L'égoïsme, le goût du pouvoir, la jalousie, le vol, le mensonge, la méfiance, la haine, le racisme, révèlent la peur de manquer, la peur que l'autre ne nous dépossède, la peur d'être dévalorisé, la peur de l'inconnu… Peur de la solitude, ou bien d'être envahi par les autres, peur du "hasard" de la vie, peur d'avoir froid, peur d'avoir mal, peur de nos propres émotions, peur de ne pas être à la hauteur, peur de passer inaperçu, l'obscurité est le royaume de la peur.

On reçoit, en échange de ce sacrifice qu'est abandonner l'ancien nous-mêmes, la confiance en nous, en les autres, la foi, le bien-être, la joie, la chaleur, le sourire, l'harmonie, l'amour pour toutes choses, pour tout être, et pour ce que nous sommes.

Quel sentiment merveilleux que de se sentir vraiment aimé, et d'avoir cette certitude d'être accompagné à chaque instant !

La parole de Jésus est d'une telle évidence ! Et cependant, elle est si peu comprise ! Pourquoi ? Parce qu'elle est simple. Or, pour l'homme, être simple n'est pas toujours facile.

En ce moment, bien des êtres ont la sensation confuse d'un manque, d'un malaise. Malgré tout ce qui les entoure, tout ce qui est à leur portée, un vide se fait sentir. On parle de stress. Un bien petit mot pour tant de souffrances inexprimées ou inexpliquées. Mais il est bon, ce stress !

C'est un constat ; il nous permet de nous rendre compte que nous nous "plantons", que nous nous leurrons. **Quand l'être est malade, il faut qu'il soit !**

C'est un tremplin, le stress, c'est une crise salutaire. C'est lui qui donne le désir de tout changer, de tout bousculer.

Comme dans le labyrinthe, où il ne trouve la voie ouverte qu'après avoir exploré la voie fermée, l'homme marche vers le Divin.

Tous les chemins sont expérience, préparation. Ils mènent au chemin ascendant.

Et si nous lâchions prise ? Si nous acceptions notre impuissance actuelle ? Si nous cessions de nous agripper à ce que nous connaissons déjà, pour aller vers ce qui nous appelle, nous attire, nous attend ?

Tandis qu'il avançait dans l'obscurité, dans l'ignorance, l'homme s'est souvent égaré. L'homme a souvent égaré l'autre.

Les religions, épousées dans sa quête d'un monde meilleur, l'ont parfois enfermé dans sa désespérance de "pêcheur".

Jésus se révolte, envers ceux qui égarent les autres *: "Malheur à vous, Scribes et Pharisiens, parce que vous fermez aux hommes le Royaume des Cieux ; vous n'y entrez pas, vous, et ceux qui le voudraient, vous ne les laissez pas entrer !" Math.23.13.*

"Un aveugle peut-il guider un aveugle ? Ne tomberaient-ils pas tous les deux dans un trou ?" Luc.6.39.

"Il en viendra beaucoup sous mon Nom, qui diront : "C'est moi ! Et ils égareront bien des gens." Marc.13.6.

Quand l'homme entendait parler de la vie éternelle, ses déductions l'amenaient à comprendre qu'il trouverait le bonheur après la mort seulement. Après que, dans cette vie, il a souffert, sacrifié, expié.

Alors il s'est dit "après tout, il vaut mieux tenir qu'attendre". Il s'est lancé à corps perdu, avec ses mains, ses pieds, son intelligence, son astuce, sa "débrouillardise" : Il faut bien vivre ! Vivre le mieux possible, le plus longtemps possible !

Or, écoutons ce que dit Jésus sur la vie éternelle *: "La vie éternelle, c'est qu'ils te connaissent, toi, le seul Vrai Dieu, et celui que tu as envoyé, Jésus Christ." Jean.17.3.* Il en parle au présent.

Oui, le vrai bonheur, il commence dès cette vie, dès à présent.

Prenons conscience de cette évidence : Jésus dit *"Je suis venu pour que vous ayez la vie, et que vous l'ayez surabondante." Jean.10.10.*

Il nous dit aussi *"Ne vous souciez pas de ce que vous mangerez, ni de ce dont vous serez vêtus. De tout cela les païens sont en quête. Cherchez premièrement le Royaume et sa justice, et tout cela vous sera donné par surcroît." Math.6.33.*

Aurait-il dit que tout ce qui nous est utile matériellement nous sera *"donné par surcroît"*, si le Royaume ne se trouvait qu'après la mort, quand nous aurons quitté notre corps ?

Ce serait impensable, absurde ! Non !

"Le Royaume de Dieu est proche de vous." Luc.10.9.

Le Royaume est au-dedans, il est ici et maintenant, il est *"parmi vous." Luc.17.21.*

"Si c'est par l'Esprit de Dieu que j'expulse les démons, c'est donc que le Royaume de Dieu est arrivé pour vous." Mat.12.28.

LE ROYAUME

Le Royaume, c'est un état. C'est un état de conscience, un état vibratoire, un état de joie, d'abondance, de paix, d'enthousiasme !

Le Royaume, c'est un état d'amour contagieux, dans lequel tout est possible.

Les états, on peut les comparer à des pays. À chaque état, comme à chaque pays, correspondent un paysage, un relief différent, un climat différent, une qualité de vie, une politique, des relations différentes entre les êtres habitant cet état.

De même que changer de pays amène à connaître des conditions de vie nouvelles, changer d'état de conscience change tout dans ta vie, concrètement.

Le seul moyen de changer toutes les conditions de ta vie, c'est de changer ton état de conscience.

Regarde où tu es, où tu en es, avec qui tu es, ce que tu fais.

Mais ne juge pas, ne te culpabilise pas !

Humblement, admets que ce que tu vois ne correspond pas à ce que tu es vraiment.

Tu es d'ailleurs. Crois et tu seras aidé. Crois que tu es fait pour le bonheur, la joie, l'amour, la santé, l'abondance, le vrai partage.

Demande, et tu seras transporté !

C'est toujours ce que tu crois qui te fait te mettre dans certains états. Quelquefois, “dans tous tes états”.

Crois en l'amour, en la vie, en la plénitude de l'être.

C'est la foi qui mène dans cet état.

La Foi est active. Elle vibre et ouvre les portes du Royaume.

Jésus, quand il prêchait devant les foules, ne forçait pas les gens à le suivre ; il concluait toujours par ces mots : *"entende qui a des oreilles."*

Il savait qu'il y a beaucoup d'appelés et peu d'élus.

"Elle est étroite la porte, et resserrée la route qui mène à la Vie, et il y en a peu qui la trouvent." Mat.7.14.

Il n'a jamais demandé à ses disciples de torturer afin de convertir, ni de tuer ceux qui refusaient d'entendre la Parole. Il conseillait même de ne pas insister : *"Si l'on refuse de vous accueillir et d'écouter vos paroles, sortez de cette maison ou de cette ville en secouant la poussière de vos pieds." Math.10.14.*

Il leur disait simplement de témoigner par leurs œuvres. *"Vous êtes la lumière du monde. Qu'ainsi brille votre lumière aux yeux des hommes, afin qu'ils voient vos bonnes œuvres et glorifient votre Père qui est dans les cieux." Math.5.16.*

Il a démontré le véritable amour, qui est respect. Il n'a pas montré du doigt la femme adultère. Son doigt était plongé dans le sable, y traçant des dessins. Ce geste symbolise parfaitement le respect : ne pas montrer du doigt ! Il dit, ce faisant, aux gens qui voulaient la lapider : *"Que celui d'entre vous qui est sans péché, lui jette la première pierre." Jean.8.7.*

Ceux qui prétendent suivre le chemin de Jésus sans manifester la tolérance sont en réalité sur un tout autre chemin.

Aimer l'autre, l'aimer "en vérité", c'est l'aimer tel qu'il est vraiment, au fond, et admettre le fait qu'il soit différent dans sa manifestation actuelle.

L'amour, pour l'homme, se dispense vers ce qui lui est agréable, ce qui lui sourit et lui apporte de la chaleur.

L'amour universel aime comme un père. Il aime tous ses enfants de la même manière.

Il est pour tous attentif et attentionné. L'amour vrai ne juge pas.

Le Royaume nous accueille si nous aimons de cet amour là.

"Ne jugez pas, pour n'être pas jugés. Car c'est du jugement dont vous jugerez que vous serez jugés, c'est de la mesure dont vous mesurez qu'il vous sera mesuré." Mat.7.1.

DE L'AMOUR

L'Amour est une source jaillissante, il sort du Cœur de Dieu, du cœur de l'Univers, et se déverse vers nous en permanence, éternellement.

L'homme est fait pour être un canal largement ouvert à cet Amour, pour le laisser opérer spontanément, directement, à travers son cœur, là où ça fait “tout chaud” quand il se transmet, quand il coule vers les autres sans se soucier du retour.

Au lieu de cela, l'homme a mis en lui un robinet et s'emploie à régler lui-même le débit. Il a fait de l'Amour une affaire de raison. Sans s'en rendre compte vraiment, l'homme cherche toujours des raisons pour lesquelles il va ouvrir son robinet de l'Amour, ou ne pas l'ouvrir.

Or Dieu est l'Amour !

Quand nous fermons le robinet de l'Amour vers les autres, ou vers nous-mêmes, nous nous fermons à Lui.

Voilà pourquoi le moindre jugement, le moindre refus de propager l'Amour, est une porte que nous fermons entre le Père et nous.

L'homme implore le ciel, rêve de passer la porte étroite, et la ferme à la moindre occasion.

Être le Temple de Dieu, et non pas sa prison, là est le secret.

Pourquoi fermons-nous si souvent la porte à l'Amour ? Parce que nous avons peur d'aimer. Pourquoi avons-nous peur d'aimer ?

Nous avons peur de souffrir, d'être déçus.

Nous avons peur des sentiments des autres, de ce qu'ils pensent de nous. Peur que si nous aimons, l'autre n'en abuse. Peur de nous impliquer, de nous retrouver prisonniers, de perdre notre liberté d'action.

Peur de cette association "amour-chair - qu'en-dira-t-on ?"

Et la grande peur : peur d'aimer quelqu'un qui n'en serait pas digne !

Or, Dieu ne nous aime-t-il pas tous de la même façon ?

On peut être aimé sans avoir chaud dans le cœur (la preuve : la sensation de vide et de froid que procurent les doutes.)

Par contre, on ne peut pas aimer sans avoir chaud dans le cœur, car c'est l'amour que nous ressentons, dont nous vibrons, qui nous réchauffe et nous met en joie.

Se fermer au donner, ou se fermer au recevoir, et nous avons froid. Effacer toute peur, aimer indifféremment et sans se soucier d'être aimés en retour, libère l'Amour en nous.

Dieu se révèle à nous à travers toute chose, tout être.

Il crie vers nous à travers tout. En tout, Il Est.

L'homme le cherche tant qu'il n'ouvre pas "les yeux du cœur", "les oreilles du cœur".

La peur, la tristesse, ne sont plus, quand vient l'union avec Dieu.

Le cœur de l'homme tremble, aussi longtemps qu'il n'est que moitié. L'Amour tiède fragilise, l'Amour Total rend fort.

Celui qui L'a trouvé, Le contemple et Le chante.

"Nos cœurs sont inquiets, tant qu'ils ne se reposent pas en toi." dit Saint Augustin.

Le chemin du Christ, c'est un engagement personnel, un engagement envers le Père. C'est faire l'apprentissage de notre filiation divine.

"Soyez parfaits, comme votre Père Céleste est parfait." Mat.5.48.

On peut essayer de tricher avec les autres. On ne triche jamais avec La Vérité elle-même.

"Quand vous priez, ne faites pas comme les hypocrites qui tiennent à prier bien en évidence... pour toi, quand tu veux prier, retire-toi dans ta pièce la plus retirée, ferme ta porte à clef, et prie ton Père qui est présent dans le secret, et ton Père, qui voit dans le secret, te le revaudra." Mat.6.5.

"Demandez, et l'on vous donnera ; cherchez, et vous trouverez ; frappez, et l'on vous ouvrira. Car quiconque demande reçoit, qui cherche trouve, et à qui frappe on ouvrira." Mat.7.7.et Luc.11.9.

De quoi avons-nous besoin ? C'est d'abord l'harmonie qui nous manque, la paix de l'esprit, la douceur de vivre.

Rien de cela ne s'achète, mais nous pouvons l'obtenir. Tout cela est au fond de nous, comme une petite graine enfouie qui n'attend que de germer. Pour qu'elle germe, nous devons le demander, et décider de quitter notre masque, nos lunettes noires.

Si nous attendons, en spectateurs, que la société change, nous nous leurrons : cela n'aura pas lieu, car la société, par elle-même, n'existe pas. La société, c'est toi, plus lui, plus moi.

C'est à chacun de nous de devenir différent, sachant que les mouvements survenus à l'intérieur s'intensifient, se ramifient, se propagent vers les autres, avec une force prodigieuse et rayonnante.

Le Père n'a pas mis en nous de noble désir, sans qu'il n'y ait mis le moyen de le réaliser. Quand je change, ma façon de voir les autres change, et les autres changent aussi.

"Il en est du Royaume de Dieu, comme d'un homme qui aurait jeté la semence en terre. Qu'il dorme ou qu'il se lève, nuit et jour, la semence germe et grandit sans cesse, sans qu'il sache comment." Marc.4.26.

Quand nous avons compris, intégré, décidé, et demandé au Père de nous ramener sur le chemin ascendant, alors, de jour comme de nuit, nous avons la certitude d'être guidés. Sans cesse, l'Esprit est là, révélant comment *"renoncer à votre vie passée, et dépouiller le vieil homme"*, comment *"vous renouveler par une transformation intime de votre pensée, et revêtir l'homme nouveau, qui a été créé selon Dieu, dans la Justice et la Sainteté de la Vérité." Ephes.4.22.*

DÉPOUILLER LE VIEIL HOMME

"Est impur tout ce qui n'est pas à sa place".

Par le passé, une carapace a été nécessaire pour survivre, la vie était une lutte.

Dans la nuit des temps, l'homme avait besoin d'instincts animaux pour survivre. Petit à petit, il s'en est défait. Maintenant, une vie nouvelle est à notre portée. Nous ne pouvons la connaître que dépouillés de nos anciens schémas. Ces schémas tiennent l'homme nouveau ligoté, prisonnier, d'où le mal-être ressenti actuellement par de nombreuses personnes. Ne croyez pas que se défaire de l'ancien soit abandonner toute initiative, toute liberté, c'est exactement le contraire.

Se connecter à l'Esprit en nous, c'est devenir ce que nous sommes vraiment, ce pourquoi nous sommes venus au monde. C'est ne plus être qui on voulait que nous soyons, mais, qui nous sommes vraiment.

"J'avais peur des chemins qu'on voulait que je prenne", chante si joliment Francis Cabrel.

C'est ne plus avoir des œillères, mais avoir accès à la réalité des êtres, des événements et de toutes choses.

C'est ne plus se façonner sur l'autre, ne plus agir en anticipant sa pensée, sa réaction, son jugement sur nous.

C'est être libre, libre de s'exprimer ; c'est ouvrir la porte à la vraie communication. Si nous enlevons notre masque, le masque de l'autre tombe aussi. Quelle que soit sa réaction, la clarté se fera entre nous et nous ne tricherons plus.

Lorsque nous ne cherchons plus, à tout prix, à prouver qui nous sommes, alors nous sommes vraiment.

Lorsque nous ne voulons plus être aimés à tout prix, nous sommes aimés sincèrement.

Lorsque nous ne luttons plus pour obtenir jusqu'au superflu, nous obtenons tout ce dont nous avons besoin, et bien plus encore…

Lorsque nous ne rejetons plus tout ce qui nous paraît étranger, tout en essayant de satisfaire notre curiosité, nous apparaît alors la Vérité.

Ne torture plus ton cerveau pour comprendre, quand tu vis des situations pénibles ! Tu peux le torturer longtemps encore, il n'a pas les réponses.

Tu es maître de tes récoltes.

Choisis ce que tu sèmes.

Vois comme c'est simple : oser être, et tout change.

L'ancien en nous ne va pas mourir sans quelque douleur, sans tenir tête quelque peu, mais nous sommes tant aidés !

De victoire en victoire, d'ouverture de conscience en ouverture de conscience, la vie devient alors un jeu passionnant, un jeu exaltant ! On nous avait dit : "on est comme on naît, on ne change pas." C'est faux, absolument faux !

Il n'y a que deux entraves dont le Père ne peut nous délivrer : le défaut que nous nions posséder, et celui dont nous ne voulons pas nous défaire. Mourir pour renaître, naître d'en haut, c'est dès ici, dès maintenant.

"Personne, à moins de naître d'en haut, ne peut voir le Royaume de Dieu." Jean.3.3.

PRENDRE LE SENTIER

La voie qui mène au Royaume est un sentier étroit, semé de maints obstacles. Ces obstacles, personne ne les place sous nos pas. C'est sur nos travers que nous buttons. Nous ne pouvons jamais tricher avec cet engagement, scellé entre notre être visible, conscient, et l'Être Lumineux dont nous sommes les héritiers.

Le chemin vers la Lumière s'accomplit en pleine Lumière.

Dès les premiers pas sur le sentier, la plus grande et passionnante aventure que nous puissions vivre en ce monde, nous prenons conscience que nous sommes magnifiquement aidés. Nous attirons toujours ce qui est en harmonie avec nous, et, si nous désirons vraiment nous améliorer, si la sincérité et le désintéressement vibrent en nous, l'aide ne nous est jamais refusée.

Le désir du Père, le projet de l'énergie créatrice, c'est notre évolution vers la clarté d'être, vers la véritable Lumière.

Si cela devient notre but conscient, il est évident que jamais nous ne manquerons de l'aide qui nous est nécessaire.

"Si vous, qui êtes mauvais, savez donner de bonnes choses à vos enfants, combien plus le Père du Ciel donnera-t-il l'Esprit Saint à ceux qui lui demandent." Luc.11.13.

Le Divin, l'Esprit, énergie créatrice de l'univers, est une formidable énergie d'amour.

"L'amour donne des ailes". Quand nous sommes amoureux et qu'on nous le rend, nous avons l'impression de posséder une force extraordinaire. Cultiver le Divin en nous, libère une force bien plus grande encore !

Aimés, nous le sommes déjà, mais soyons l'Amour, et nous nous sentons aimés.

Soyons vrais, et nous avons accès à la Vérité.

Soyons clairs, et nous avons accès à la Lumière.

Soyons sages, et nous avons accès à la Sagesse.

"Aide-toi et le Ciel t'aidera" est-il dit.

Toi, par tes actes, commence, et toutes les aides te sont données.

Khalil GIBRAN, l'auteur du "PROPHÈTE" écrit : *"Entre votre connaissance et votre compréhension, il existe un sentier caché que vous avez à découvrir, avant de ne faire qu'un avec l'homme et de réaliser ainsi l'unité en vous-même."*

L'AMI ÉTERNEL

Tu te sens un peu seul dans ta maison, un peu nostalgique, un peu triste, comme un manque d'entrain, de chaleur. Un de tes proches t'a parlé d'un ami à lui, avec "un cœur gros comme une maison", et il te vient le désir d'inviter cet ami chez toi. Souvent, déjà, tu en as eu envie, mais aujourd'hui, c'est un désir impérieux.

Tu le pries de venir ; il ne refusera pas, puisque c'est un être aimant. Alors, ton cœur plein d'une espérance vibrante de joie, tu lui prépares une chambre, une pièce accueillante où il pourra se sentir chez lui. Tu fais la poussière, changes les draps, tu vides quelques rayonnages d'une armoire afin qu'il dispose ses affaires. Bref, tu lui fais de la place.

L'ami s'installe, et, comme il a le cœur chaleureux, il chante dès le matin, emplit de joie ta maison, te donne le désir de repeindre toutes les pièces en blanc, et d'ouvrir tes fenêtres au soleil.

Bien plus près de toi que tu ne penses, il est un ami commun à tous les êtres, un ami éternel, un esprit lumineux, qui ne peut s'installer que si tu lui fais de la place.

L'Esprit ne peut venir habiter un mental riche de peurs, de limitations, d'idées toutes faites, de jugements sur la vie, sur les autres, sur toi-même.

Alors fais-lui de la place, un peu de place : commence par te défaire du jugement, du moindre, en pensée comme en parole. Ouvre-toi.

Là, l'Esprit Saint vient, et donne la force, l'enthousiasme, l'orientation, pour continuer de faire la place. Car, une fois invité, **il la veut toute.**

Tu seras bousculé dans tous tes acquis, dans tes préjugés, dans tout ce qui est ta programmation intérieure. On ne peut devenir nouveau sans abandonner l'ancien, sans faire sauter les serrures de nos "prisons mentales". Tout chemin spirituel autre que le chemin vers la perfection est un leurre.

La paix, la santé, l'harmonie, le bonheur, l'abondance, l'amour, sont perfection.

La plénitude est l'équilibre parfait de ces énergies.

Tu ne peux parvenir à la Lumière qu'en t'élevant vers elle.

L'Ami Éternel connaît bien le chemin.

"Je leur donnerai un cœur nouveau, je mettrai en eux un esprit nouveau." Ezechiel.11.19.

QUE TON OUI SOIT OUI, QUE TON NON SOIT NON

"Que votre langage soit oui, oui, ou non, non." Mat.5.37.

Désormais, exprime clairement ton accord ou ton refus. Tu es libre ainsi. Laisse les autres être libres aussi. Chacun vit son chemin au travers de ses propres expériences.

Trop de "oui" quand le dedans crie "non", ou trop de "non" quand le cœur dit "oui", tout cela t'amène à vivre des expériences au travers desquelles, peu à peu, tu comprendras que la clarté est indispensable.

Trop de "oui" quand tu sens "non" t'amènent le non respect de la part de l'autre. Tu ne t'es pas respecté, il ne te respecte pas.

Alors tu t'aigris, ton corps aussi se rebelle. Tu vacilles entre le désir de ne plus voir les autres, et la peur d'être abandonné; entre le désir de faire entendre ta voix et la peur du conflit.

Sois clair envers toi-même, respecte-toi, et l'autre te respectera.

À trop cacher tes désirs, tes émotions, tes sentiments, à trop dire "oui" quand tu pensais "non", ou "non" quand tu pensais "oui", tu as laissé l'obscurité te gagner. Petit à petit, la confusion s'est installée. À présent, tu ne sais plus ce que tu dois et ce que tu ne dois pas, ce qui est bon pour toi et ce qui ne l'est pas.

Une seule solution : stop! Arrête-toi un instant.

Un instant suffit pour :

- constater la confusion.
- prendre conscience que cela suffit.
- demander les aides nécessaires pour retrouver la clarté.
Ensuite, efforce-toi à la vérité.

AUX CHERCHEURS AVEUGLES

Cette époque, qui voit arriver simultanément la fin d'un siècle, la fin d'un millénaire, mais aussi la fin d'une ère, est profondément marquée par le matérialisme. L'homme conjugue l'auxiliaire avoir plus souvent que l'auxiliaire être.

L'homme cultive le "je possède", le superficiel, et naturellement, tout au fond de lui, quelque chose crie.

L'être est fait pour Être, non pour l'Avoir.

Les êtres dans le stress, dans le déséquilibre, dans le manque de "ils ne savent quoi", sont attirés vers ce qu'ils croient être un cheminement spirituel, comme ils essaieraient un nouveau gadget.

Leur soif d'autre chose les fait parfois s'engager dans des voies où "des aveugles qui veulent en diriger d'autres" leur vendent du spirituel.

Il faut dire que c'est un excellent marché en ce moment.

Or l'Esprit est jaillissement, pas acquisition. L'Esprit ne se vend pas, ne s'achète pas. Il ne se trouve ni dans l'accumulation, ni dans le déballage de richesses intellectuelles. Élargir ses connaissances intellectuelles, c'est acquérir du bagage, et le bagage est pesant. La démarche intellectuelle seule, n'ouvre pas le chemin. Les techniques de passes manuelles ne l'ouvriront pas davantage.

N'attendez pas l'énergie de l'extérieur, on ne vous la vendra pas. Des êtres qui font grand tapage pour vendre leur marchandise peuvent-ils vous apporter la paix ?

Tant de personnes courent dans toutes les directions, accumulent les lectures, les conférences, les enseignements auprès de maîtres ou de gourous ! Périodiquement, ils oscillent entre une grande excitation mentale, “j’ai trouvé ma voie !” et des moments de découragement total ; puis ils redémarrent sur un autre chemin, une autre voie, encore et encore !!!

Cessez votre course, faites le silence en vous ; le Paradis, le Royaume, le Nirvana, le Je Suis, c’est la réalisation de l’unité en vous. C’est faire qu’en vous le corps et l’esprit ne tiraillent plus vers des directions opposées. C’est faire que votre corps et votre esprit ne soient qu’un, et ne soient qu’harmonie.

C’est vous rassembler, vous recentrer, et non plus vous disperser.

À courir partout, vous n’avez aucune chance !

Quand vous aurez cessé de vous égarer, vous vous trouverez ! Pas Avant !

N’allez pas si loin chercher la Lumière, descendez en vous. “Connais-toi toi-même, et tu connaîtras l’univers.”

L’Esprit œuvre en nous depuis la nuit des temps. Il est notre devenir éternel, notre Être éternel. **La démarche spirituelle est l’expérimentation active de l’Énergie d’Amour** présente dans notre cœur, comme dans le cœur de l’univers.

Aujourd’hui, je dis non à ces commerces de l’Énergie, du Verbe, ou de l’Ange.

Le vide que vous ressentez ne se comblera que de l’intérieur, et que d’une manière **: Aimer**.

RECONNAÎTRE NOS ÉNERGIES

On dit d'une personne sans amour qu'elle est vide, qu'elle est froide, ou même glaciale. On dit d'un être aimant qu'il est chaleureux, rayonnant.

Les voilà, les fameuses énergies : le froid ou le chaud dans le cœur, le manque ou la plénitude, le désespoir ou l'espoir, la tristesse ou la joie, le mensonge ou la vérité, la parole débridée ou la sagesse recueillie, la rancune ou le pardon, le ronron de l'habitude ou l'enthousiasme du nouveau, l'emprisonnement, la rigidité d'esprit ou la liberté vraie, la lourdeur ou la légèreté, la peur ou le courage, l'excitation ou la paix, bref : Lumière ou non encore Lumière, énergies accomplies ou non accomplies.

Dans ton cœur, dans tes tripes, à chaque instant tu vibres, et **tout ce qui vibre crée.** Tu crées ton propre univers à chaque instant.

Ton compagnon, ta compagne, ou ta solitude, tes enfants, ton milieu de travail, tes finances, tes amis, ta santé, ta maison, ton voisinage, tout est en rapport direct avec tes vibrations. N'accuse jamais qui ou quoi que ce soit, ce ne peut être que perte de temps. Si tu trouves une solution expéditive sans rien changer dans ton propre comportement, ton problème se renouvellera, en d'autres temps ou d'autres lieux, jusqu'à ce que tu rectifies.

Change tes vibrations, et ton univers changera. Apprends à écouter, à reconnaître, à rectifier tes vibrations ; sois toujours **vigilant**, et ne crois pas que ce soit si difficile. Quand tu changes de moyen de locomotion, tu ne vas pas vite, au début. Peut-être as-tu peur, cela te demande un nouvel effort ; puis tu t'adaptes, tu prends de l'assurance. À ce stade, tu comprends que tout est mieux pour toi ; tu es heureux et fier du changement. Tu te détends, tu fais confiance à ton véhicule, et tu mets toute ta volonté dans le désir de rester bien sur ta route.

La vigilance, c'est cela ; détendu, et en écoute des vibrations du moteur, afin de toujours enclencher au bon moment la bonne vitesse. Une côte, ton moteur peine ? Tu changes de vitesse. Un événement te semble lourd, difficile à surmonter, révoltant ? Tu râles, tu souffles, tu pestes ? Change de vibration, mets-toi sur la compréhension, le pardon, l'amour, et tu passeras sans cahots. Ce n'est difficile que si tu n'y crois pas, si tu n'es pas motivé. Foi, enthousiasme et fidélité sont les forces motrices, indispensables.

Savez-vous que le mot enthousiasme découle du mot “théo” qui signifie Dieu ?

Le mot enthousiasme, si porteur d'énergie, est issu du grec enthousiasmos, qui signifie transport Divin.

QUI JUGE SE FERME À LA COMPRÉHENSION !

Acquérir la compréhension, connaissance profonde des êtres, des choses qui nous entourent, des événements auxquels nous sommes confrontés, c'est admettre, c'est mettre en soi, c'est recevoir.

Quand deux personnes s'entendent bien, se comprennent, on dit qu'elles sont sur la même "longueur d'ondes". Or, que sont les ondes, sinon des vibrations ? Nous comprenons toujours ce dont nous acceptons d'entendre les vibrations.

Comprendre c'est accepter.

C'est comme une assimilation, une digestion. Quand je me nourris, j'aime l'aspect, l'odeur, le toucher, le goût, et même le bruit de ce que je croque. Puis je l'intègre, je suis "un avec", et j'en retiens le suc, l'essence, que mon corps transforme en énergie pour sa construction, sa conservation, et sa vitalité. Si je fais barrage, c'est l'indigestion, le rejet, et mon corps ne profitera pas de cet apport.

Dans le monde subtil**, le barrage c'est le jugement**. D'où la nécessité de **ne plus juger.**

"C'est du lait que je vous ai donné à boire, non une nourriture solide ; vous ne pourriez encore la supporter." Corinthiens. 1.3.2.

Celui qui juge sélectionne ce qui lui plaît, et ce qui ne lui plaît pas. Donc, il émet des vibrations de rejet. Il se met dans l'incapacité de tout comprendre. Il met des limites à son esprit ; il ne peut ni tout voir, ni tout entendre.

Quand nous ne jugeons plus, nous acceptons de voir et d'entendre ce que la vie nous montre. Cela ne veut pas dire que nous abondons dans le sens de ce que nous constatons. Simplement, nous voyons, nous mesurons ce qui est là, ici et maintenant. Alors nous commençons à avoir accès à la Vérité **: nous sommes prêts à tout voir, à tout entendre, à tout comprendre.**

Ne plus juger n'est pas être aveugle ! Ne plus juger n'empêche pas de voir l'autre, ou l'événement, bien au contraire. Celui qui critique, juge, émet des propos négatifs envers qui ou quoi que ce soit, peut se comparer à une seiche : il envoie son jet d'encre vers l'adversaire, puis ne distingue plus rien au travers de ce brouillard glauque. Il peut ensuite s'efforcer d'écarquiller les yeux, il n'y verra pas plus.

Faire cesser cette réaction éclaire tout, autour de soi, et ouvre la porte à la lucidité. Ne plus juger ramène la lumière. Juger, c'est avoir des idées "bien arrêtées".

Comment voulez-vous atteindre un idéal élevé avec des idées "bien arrêtées" ?

L'ÉQUILIBRE EST AU MILIEU

En nous se succèdent, s'entremêlent, cohabitent de bonnes énergies et de moins bonnes. J'équilibre quand je suis sans jugement, sans émotions, sans désirs impatients, quand je ne suis ni dans le passé, ni dans le futur, mais au milieu, dans le présent, dans l'acte juste, et plein d'amour. Alors je suis dans l'harmonie, je suis Un. **Notre unité est notre équilibre.**

Prenons un instant pour nous imprégner du mot équilibre : ce mot d'origine latine est formé du mot **égal** et du mot **balance.**

Être en équilibre, c'est n'être entraîné ni d'un côté ni de l'autre de la balance, c'est être au milieu. La dualité, c'est le propre de notre existence, et c'est aussi ce que nous devons dépasser.

C'est être un homme libre que d'être au milieu.

Pour acquérir et conserver cet équilibre, la relaxation, la méditation sont de bons outils. Ils permettent de toucher la paix, de la goûter, pour ensuite la reconnaître et en constater le manque quand nous retournons vers le quotidien, cet espace-temps où s'effectuent les "travaux pratiques".

Méditer aussi vient du mot milieu. Méditer, c'est s'éloigner des vibrations discordantes du mental, pour nous élever, pour nous ouvrir en esprit.

C'est prendre du recul pour nous installer au milieu, comme entre ciel et terre, comme un lien entre ciel et terre, dans l'équilibre, notre vraie place.

Nul ne peut avoir un comportement équilibré avec les autres s'il n'a pas l'harmonie en lui.

À la conscience ainsi débarrassée de toutes les interférences négatives, ainsi éclairée, se révèle alors l'essence des êtres, des choses, la cause des événements ou des problèmes, qu'ils soient physiques, relationnels, matériels, ou de quelque nature que ce soit.

Quand une chose t'est inconnue, ne la rejette pas, ne l'adopte pas, cherche en toi. La Vérité repose, tout au fond.

UN TOUT AUTRE AMOUR

Quand surgissent des événements difficiles, douloureux, d'où viennent les doutes de l'homme quant à l'intervention de l'Amour du Père ?

L'homme croit tout simplement que la bonne façon d'aimer est semblable à celle dont il aime, lui ! L'homme voudrait que le Créateur aime de la même façon que sa créature ; un amour plus fort, bien sûr, plus grand, plus ardent, mais semblable dans la forme, dans la manière.

Or, le Père nous veut à sa ressemblance. C'est donc à la créature d'aimer comme son Créateur, à la créature de comprendre l'Amour du Père.

Jadis, notre Père s'est adressé à l'homme comme un père à son jeune enfant, incapable de différencier le bien du mal. Il a posé des interdits, des lois, et a demandé obéissance aveugle : on ne peut expliquer à celui qui ne peut comprendre, alors on impose.

L'homme n'avait pas encore le discernement, et Dieu l'a aimé comme on aime un bébé.

Dans les premiers mois de la vie, l'enfant attend tout de ses parents. Ils le portent dans leurs bras pour le nourrir, le changer, pour le calmer, pour l'endormir. Que fait le bébé ? Il grandit.

Puis un jour l'enfant se dresse sur ses jambes. Que fait alors la maman, pour qu'il accomplisse ses premiers pas "d'homme debout" ? Elle prend du recul. Oh ! Pas beaucoup, juste un mètre ou deux, puis elle écarte les bras en souriant, les yeux pleins d'amour, et dans le cœur un sentiment vibrant d'attente, d'encouragement, de fierté, de compréhension et de fermeté tout à la fois. Alors l'enfant, confiant, se lance.

C'est la confiance qui le fait s'élancer dans le monde des "debout".

Le temps a passé, l'homme bébé a grandi, il est devenu un peu plus conscient. L'Amour du Père s'est donc manifesté différemment ; il est devenu l'Amour d'un Père qui désire que ses enfants lui ressemblent, soient des créateurs responsables, se lèvent et marchent.

Ainsi notre Père a envoyé Jésus parmi nous.

Jésus, être de chair, né dans la pauvreté, démuni, a ouvert aux hommes le chemin de *"la résurrection, la vie." Jean.11.25.* Il nous dit comment ôter notre fardeau, nos chaînes, ouvrir nos barrières, et marcher, libres, tête relevée au-dessus de l'obscurité, sur le Chemin de la Perfection, le seul qui mène au Royaume.

L'Amour Divin, ce n'est pas l'amour étouffant d'une mère qui, tremblante, empêcherait son enfant de faire ses premiers pas, de peur qu'il ne tombe. L'Amour du Père est autre. Il attend, les bras ouverts, que son enfant mûrisse en lui :

- La certitude qu'il est Son Fils.
- Le désir de venir vers Lui.
- Et la foi pour se lâcher.

Voilà justement ce qui manque à l'homme enfant : le courage de se lâcher, le courage d'abandonner l'ancien, "le petit moi", avec son fardeau de jugements "personnels" sur la vie, sur les autres, sur lui-même, ses idées toutes faites qui à la fois le rassurent et l'emprisonnent. Faire le chemin avec le Christ commence par cet abandon-là, ce sacrifice-là. Nul ne peut à la fois tendre les deux bras vers le Père, et s'agripper à ce qui l'a aidé à se mettre debout.

Ce qui nous aide à nous mettre debout est utile un temps, il ne faut pas le nier. Mais un jour, dans la paix et la gratitude, il faut remercier les choses du passé, et décider d'aller plus loin.

"Quiconque a mis la main à la charrue et regarde en arrière est impropre au Royaume de Dieu." Luc.9.62.

L'ancienne loi d'obligation a été notre tuteur. Il nous était juste demandé de ne pas agir mal. Il nous est maintenant demandé d'aller plus loin. Il nous est demandé d'être Vrais, de reconnaître notre filiation, d'en être fiers, et d'aimer du même amour que celui dont nous sommes aimés.

"Avant la venue de la foi, nous étions enfermés sous la garde de la Loi, pour y attendre la révélation de la foi. Ainsi, la Loi nous a servi de pédagogue chargé de nous mener au Christ, en vue de notre justification par la foi. Mais, la foi venue, nous ne sommes plus sous l'autorité d'un pédagogue. En effet, vous êtes tous fils de Dieu par la foi au Christ Jésus." Galates.3.23.

"Soyez Parfaits, comme votre Père Céleste est Parfait." Math.5.48.

Notre tâche :

- **prendre conscience** (non pas savoir intellectuellement, mais avoir la certitude, "dans nos tripes"), que nous récoltons ce que nous semons. Prendre conscience de notre entière responsabilité, amène automatiquement à comprendre la possibilité qui nous est offerte : si nous changeons, nous ferons d'autres récoltes. C'est si simple !!!
- **désirer prendre le chemin** de la transformation**.**
- **défricher, défricher en nous :** défricher nos pensées, défricher nos paroles, défricher nos actes.

Ne plus penser que selon l'Amour Vrai, ne plus parler que selon l'Amour Vrai, ne plus agir que selon l'Amour Vrai.

La Lumière est là, elle est toujours là, c'est à nous d'aller vers elle. L'espérance est une force qui entrebâille la porte étroite ; il faut ensuite, activement, à chaque instant de chaque jour, avancer sur le chemin, la Foi pour compagne de tous les instants.

"La Foi sans les œuvres est chose morte." Jacques.2.26.

Faire grandir l'Être Nouveau dans notre cœur, lui conférer peu à peu toute la place, et, enfin dépouillés jusqu'au moindre sentiment d'orgueil, mais fiers d'être Fils, semer, semer, semer, avec une gratitude infinie.

Notre tâche est de le ressusciter en nous, puis de l'y laisser vivre.

Jésus n'a pas d'idées toutes faites, il voit en Vérité.

Il parle et agit en Vérité ; il ne force pas les autres.

Il n'a pas peur de l'obscurité, il ne la condamne pas, il l'éclaire !

Devenir nouveau, c'est, comme une montgolfière, lâcher le lest pesant, pour s'élever, regarder de plus haut. On voit bien mieux de plus haut. Tout devient alors si simple, si facile !

Il est si magnifiquement lumineux, juste, chaleureux, et simple, l'Amour du Père ! Il a des ailes infinies, le tout est digne d'y trouver refuge.

Aimer de cet Amour-là est une force merveilleusement contagieuse !!!

GARANTIES… SÉCURITÉ !

Vouloir t'installer où que ce soit, dans quelque état que ce soit, est une aberration, tout bouge !

Il y a le jour, et la nuit, il y a l'été, et l'hiver.

L'univers est mouvement, équilibre. La vie est mouvement perpétuel. Tu ne peux vivre pleinement que si tu es dans le courant de la vie, dans le lâcher prise, dans le mouvement juste, au bon moment. T'agripper à ce que tu crois posséder, c'est t'exposer à être déraciné, balayé par la force de ce courant.

Quand tu prends conscience que rien ne t'appartient, alors tout peut t'être donné.

Rien ne t'est acquis que l'Amour, Lumière de Vérité qui te donne toujours ce dont tu es digne. Tout ce que tu aimes fleurit.

PÈRE !

Le chemin ascendant est tel une échelle lancée vers l'Éternel. À la base, le désir de s'élever, l'appel entendu. Puis, par le mouvement, tendre vers l'élévation, à chaque instant. Alors, tout nous parle, nous enseigne. La vie, l'univers sont guides permanents. Caillou, végétal, animal, homme, toute créature qui croise notre route nous enseigne. L'univers a un langage qui ne s'apprend pas ; il nous est simplement donné de le comprendre.

Un barreau de l'échelle est-il plus important qu'un autre ?

L'important, c'est le "oui je viens" inconditionnel. Répondre présent. Vibration de confiance de l'enfant vers son Père.

L'essentiel, c'est "le Chemin, la Résurrection, la Vie."

Le chemin qui élève est celui qui descend dans la profondeur de soi. C'est là qu'est la rencontre.

"Nul n'entrera dans le royaume de Dieu, s'il n'est pas d'abord rentré dans son âme", dit Sainte Thérèse d'Avila.

LE CYCLISTE

Se réaliser, c'est à chaque seconde, avancer dans l'amour et la foi totale. Le chemin vers la réalisation de soi peut se comparer à la course d'un cycliste, qui roulerait la nuit à travers la campagne.

Il n'a pas besoin d'emporter des accumulateurs de lumière. Il a confiance dans la dynamo de son vélo, qui produit, au fur et à mesure, l'éclairage dont il a besoin. Il sait, tout au fond de lui, que chaque tour de pédale amènera la lumière. S'il s'arrête, c'est l'obscurité, les ténèbres tout autour, et la peur va le gagner, l'envelopper, s'installer en lui.

Quand il pédale, chaque mouvement éclaire juste ce qu'il faut, juste devant lui, et juste assez loin. Il ne voit pas le bout du chemin, mais il avance avec confiance dans la lumière qui lui est fournie. **La foi est ainsi.**

Fais confiance totale, avance, et ton chemin s'éclairera pas à pas. Ne regarde jamais en arrière : il n'y a qu'obscurité et ténèbres, le passé est passé.

N'essaie pas de voir plus loin que la Lumière n'éclaire : c'est à ton imagination que tu ferais appel ; elle fait toujours réponse à la curiosité.

La Lumière te révèle toujours ce que tu dois savoir. Élargis ta conscience, et tu sauras toujours ce dont tu as besoin, quand tu en auras besoin.

LE NOUVEAU RÔLE DE LA VOLONTÉ

Sans une foi totale en la Lumière, il ne serait pas possible de suivre efficacement le chemin de la transformation, car ce chemin traverse tout l'inconscient.

Au début, la Lumière paraît lointaine, à cause de toutes ces couches obscures que nous devons traverser. (Nous sommes alors loin de l'état d'harmonie, encombrés par nos schémas négatifs.)

Puis un jour, nous prenons contact, au cours d'une relaxation profonde, d'une méditation, ou d'une oraison.

Nous avons alors l'impression de nous éloigner lentement de nous-mêmes, tandis que se taisent tous les bruits du mental et de l'extérieur.

La première rencontre se fait là, dans le secret. C'est un état de bien-être, d'élargissement. Puis nous revenons dans les bruits et les mouvements de la vie, avec le souvenir de ce que nous avons ressenti. De temps en temps nous vient la nostalgie de cet état, et de plus en plus souvent nous lui rendons visite. Jusqu'au jour où nous désirons vivre dans cet état en permanence. Engagement scellé dans la sincérité, le désintéressement, et la confiance.

La volonté va alors jouer un nouveau rôle. Auparavant, nous l'utilisions pour subvenir à nos besoins matériels. Elle servait le "petit moi". Maintenant, elle va se mettre tout entière au service de cette harmonie que nous voulons conquérir. Et le processus de transformation se met à l'œuvre :

- par la volonté, nous maintenons les pensées conscientes sans cesse tournées vers le bien, vers la confiance, vers l'harmonie, la vérité, la Lumière.
- cependant que depuis les profondeurs de l'inconscient émergent tous nos schémas négatifs, nos peurs, nos limitations de toutes sortes, sous la forme d'expériences que j'appelle les "travaux pratiques".

Toutes les zones obscures, toutes les couches sont soulevées, une à une, comme des fantômes du passé, ramenées pour être confrontées, puis transformées, à la Lumière de Vérité maintenue présente dans le conscient.

Tout est soulevé pour être transformé, brûlé. *"Rien n'est caché que pour devenir manifeste, rien n'est demeuré secret que pour venir au grand jour." Marc.4.22.*

Sans la foi totale, conscience de la Présence de la Lumière, de la Présence de Dieu, sans la certitude de son Amour Absolu et de Sa Toute Puissance, ce qui remonte ne peut être transformé, et se subit à nouveau. *"Quiconque n'accueille pas le Royaume en petit enfant n'y entrera pas." Marc.10.15.*

"Il est plus facile à un chameau de passer par le trou de l'aiguille, qu'à un riche d'entrer dans le Royaume de Dieu." Marc 10.25.

Le riche, c'est le mental qui "sait déjà". Le pauvre, l'humble, l'enfant, c'est celui qui sent son manque, qui aspire à le remplir, qui croit en la Lumière et fait ainsi la volonté de l'Éternel.

VIVRE AVEC FOI. VIVRE LA FOI

La foi ne s'explique pas, ne se commente pas, elle se vit, tout simplement, à chaque instant.

Par le passé, l'homme a dû obéir aveuglément à des lois dont il était incapable de comprendre le sens et la raison d'être.

Désormais, l'homme peut devenir un être libre de toute structure, de toute religion, s'il acquiert par lui-même le discernement.

Les religions sont un moyen de se relier à Dieu.

Se relier à Dieu est plus que la religion.

"Ce ne sont pas ceux qui me disent, Seigneur, Seigneur, qui entreront dans le Royaume des Cieux, mais celui qui fait la volonté de mon Père qui est dans les Cieux." Math.7.21.

En vivant, dès aujourd'hui, **la foi active**, qui est compréhension et transformation, nous avançons dans la voie de la liberté. Le passé a été, il nous a menés jusqu'à aujourd'hui. Le futur sera, et avec lui de grandes espérances. C'est bien de savoir ce qu'était l'homme hier, ou de rêver à ce qu'il sera demain, mais ce qui est important, c'est d'opérer dès aujourd'hui la transformation.

Dès maintenant, nous construisons notre futur, et pas seulement par des réunions, des conférences, ou des lectures épisodiques, pas plus que par la fréquentation, une heure par semaine, d'une église ou d'un temple particulier. Nous le construisons par notre façon d'être à chaque instant, par chacune de nos pensées, de nos paroles, par chacun de nos actes.

Certains raisonnent ainsi “d’accord, il y a l’Esprit, il y a Dieu, il y a la spiritualité ; j’y crois, mais à côté de tout ça, il y a la vie de tous les jours !”

Voilà justement le pas à franchir : il s’agit de comprendre qu’en prenant **le Père pour Ami de tous les instants**, tout change dans notre quotidien. *“Dieu fait concourir toutes choses au bien de ceux qui l’aiment.” Romains.8.28.*

En ce moment plus que jamais, l’homme à besoin de vivre au présent. On ne peut évoluer sans se remettre en question à chaque instant.

Est-il présent dans l’instant, celui qui se tient dans ses rancunes ou ses sentiments de culpabilité d’hier ? Pas plus que celui dont l’esprit galope vers les peurs et les désirs pour demain !

Pour cette raison, beaucoup d’entre nous “ont des yeux et ne voient pas, ont des oreilles et n’entendent pas”.

Le Créateur, Tout Puissant, dit : *“Je suis celui qui suis.” Exode.3.14.*

Il est présent.

La force c’est l’unité, le corps et l’esprit ici et maintenant, vigilants, confiants, ouverts.

Le présent est un pont qui relie un bord à l’autre, le passé au futur, les unissant éternellement. L’éternité, c’est le présent qui s’écoule en permanence. L’Énergie Divine est Énergie du Présent.

De même que le fleuve le plus puissant n’est qu’un ensemble de petites gouttes en mouvement, l’éternité n’est qu’une multitude de petits instants en mouvement.

Ce qui est le plus petit est aussi le plus grand.

Quand nous consentons à quitter la terre ferme pour nous mouiller, quand nous laissons notre corps épouser le courant du fleuve, nous avançons avec sa force, dans sa force, et non plus avec la nôtre, si petite. Quand nous abandonnons nos idées toutes faites, nos conceptions bien structurées, nos réticences, pour épouser le courant de la vie, nous avançons à chaque instant avec sa force, et la Force Éternelle devient la nôtre.

Jouir de la Vie Éternelle ne vient pas après notre mort physique, mais dès notre Éveil à l'Esprit.

Souvenons-nous de cette phrase de l'évangile de Saint Jean, elle est au présent : Jésus dit *"La vie éternelle, c'est qu'ils te connaissent, toi, le seul Vrai Dieu, et celui que tu as envoyé, Jésus." Jean.17.3.*

Chaque instant est une porte qui s'ouvre sur l'éternité. Nous nous accordons à l'instant, et nous vibrons à l'unisson avec lui, quand nous le vivons avec Amour.

Mais si nous regrettons l'instant écoulé, si nous voulons le retenir, nous sortons de la Vie Éternelle pour nous installer dans notre "petite vie", celle où l'on pleure sur ce que l'on n'a plus, celle où l'on piaffe devant ce que l'on n'a pas encore.

Vivre dans la Grande Énergie implique une vigilance permanente, et le choix nous appartient toujours de nous accorder ou non.

Vibrer juste à chaque instant, c'est dialoguer avec la vie, c'est être Un avec le Tout.

Là seulement, tu Es.

Aussi longtemps que ton passé sera présent, ton présent ne peut être !

IGNORANCE

Imagine un lieu retiré, isolé, obscur. Tu as fait un long chemin pour venir jusque-là. Tu y pénètres, et l'obscurité t'entoure de toutes parts.

Ta vision en est si troublée, que tu as le sentiment d'être entouré de ténèbres d'une densité extrême. Tu penses même que des choses terribles pourraient t'arriver, et tu te prépares à te défendre. Tu tends tes muscles, ton souffle se raccourcit, il te vient peut-être la chair de poule ; tu avances, les bras tendus, tu tâtonnes, en quête de lumière.

(Pourquoi cherchons-nous la Lumière, pourquoi cette quête de l'harmonie, si ce n'est parce que nous la connaissons déjà, et que nous la sentons indispensable ?)

Soudain, une lumière resplendit.

Que reste-t-il de l'obscurité, de tes tensions, de ta respiration, de ta chair de poule ? Où sont les choses terribles que tu sentais venir ?

Il y a la Lumière, qui Est, qui agit, et il y a les ténèbres, qui ne sont que manque de Lumière. Quand le manque est rempli, éclairé, elles ne peuvent plus être. Elles n'ont pas d'existence propre.

Dans la vie de l'homme, il y a l'ignorance, puis l'éveil à la Lumière.

L'ignorance, c'est la vie à tâtons, la vie où l'on joue des coudes pour faire sa place. C'est la vie en un espace clos et limité, dans lequel **on subit confusément les forces qu'on engendre.**

L'Éveil, c'est croire en la Lumière, comprendre qu'elle est Amour, la rechercher, s'unir à elle, et la laisser agir.

S'éveiller, c'est apprendre à transformer les forces.

"Si vous demeurez dans ma parole, vous connaîtrez la Vérité, et la Vérité vous libérera." Jean.8.32.

ICI ET MAINTENANT

Nous venons de l'invisible, et un jour nous y retournerons. Nous sommes venus sur terre pour faire jaillir, émergeant de notre clair-obscur, cette Étincelle Divine qui nous confère une individualité, et puis pour servir, ici et maintenant, emplis de Son Énergie.

"Vous êtes tous des Dieux, vous êtes tous des Fils du Très Haut." Ps.82.5.

"N'est-il pas écrit dans votre Loi, j'ai dit, vous êtes des Dieux ?" Jean.10.34.

"Tous ceux en effet qui sont conduits par l'Esprit de Dieu sont enfants de Dieu. Aussi bien, vous n'avez pas reçu un esprit de servitude pour retomber dans la crainte ; Vous avez reçu un esprit d'adoption, qui vous fait crier : "Abba! Père!". L'Esprit lui-même témoigne à notre esprit que nous sommes enfants de Dieu. Enfants, donc Héritiers. Héritiers de Dieu, et cohéritiers du Christ." Romains.8.15.

"Vous êtes tous fils de Dieu, par la foi au Christ Jésus." Galates. 3.26.

"Ne savez-vous pas que vous êtes un temple de Dieu, et que l'Esprit de Dieu habite en vous ?" Cor.1.3.16.

Quand ton but est de devenir qui tu es, tout t'est donné pour y parvenir, jour après jour. Si ton but est de conquérir quelqu'un d'autre que toi-même, tu passes à côté de ta réalisation, et tu "rames", dépendant de l'énergie de cet autre.

Vivre, c'est propager l'amour, ici et maintenant, c'est partager avec les autres êtres ; c'est aimer la terre et la nourriture qu'elle offre à nos corps. Vivre, c'est ouvrir des yeux pleins d'amour sur les merveilles qui sont à notre portée, sur la lumière du jour qui vient, comme sur la symphonie lumineuse du soleil qui se couche à l'horizon. Vivre, c'est écouter et comprendre chaque jour ce que la vie nous demande, accueillir cette demande, et agir avec volonté, courage et humilité.

ÉCLAIRÉ

Des “messages” te parviennent, pour éclairer ton chemin, pour t’aider à t’élever au-dessus de cette obscurité dans laquelle tu te tenais. Ces signes te sont destinés, à toi seul.

Cultive l’humilité, sois plein de gratitude envers le Créateur qui jalonne ainsi ta route, n’oublie pas que tu es **en chemin**. N’accepte pas de t’installer sur un piédestal, érigé conjointement par ton propre orgueil, et par la flatterie ou l’admiration des autres.

Que ton ego ne te fasse pas pompeusement montrer ces signes autour de toi ! Sache que les semences qui se posent en toi doivent germer longtemps, très longtemps, avant qu’un Homme Nouveau se lève, se redresse, et commence à produire des fruits.

“Demeurez dans Jérusalem jusqu’à ce que vous soyez revêtus de la Force d’en Haut.” Luc.24.49, dit Jésus à ses disciples avant qu’ils ne soient prêts à témoigner.

Cultive en toi la joie et l’amour vrai.

Il y a le temps de l’enseignement : des informations viennent à toi, elles reposent dans ton cerveau. Tout simplement, tu sais.

Puis, vient le temps de la mise en pratique : tu as le choix d’adopter ou non l’enseignement.

Des situations se présentent, que tu peux aborder selon de nouveaux schémas de pensée, avec des réactions nouvelles, et que tu peux voir se résoudre de manière surprenante.

Tu adoptes l’enseignement quand tu le portes en toi, quand tu le vis. Il devient ta façon d’être. Après tout ce cheminement, ce mûrissement, tu pourras témoigner, donner tes fruits.

Que ton orgueil ou ton impatience ne te fassent pas distribuer tes semences !

Être tout en haut d'un plan n'est jamais qu'être tout en bas du plan suivant. Nul ne peut voyager sans l'humilité.

La confrontation à l'orgueil est une épreuve devant laquelle tu te retrouves maintes fois au cours du chemin. Ou tu cultives l'humilité et tu avances, ou tu t'installes dans tes acquis, et les portes te sont fermées, par la seule force de cet orgueil. Sois vigilant.

Cultive la gratitude et la reconnaissance.

FACE À LA LUMIÈRE

Dans l'univers, tout nous est donné : tous, autant que nous sommes, nous vivons, nous évoluons en pleine Lumière ; hélas, il arrive bien souvent que nous lui tournions le dos.

Alors nous sommes obscurs dans nos pensées, nos propos, et nos actes.

Nous tournons le dos à l'Amour, à la Vérité, nous cultivons l'amertume, le ressentiment, le mensonge, la jalousie, la colère, nous critiquons, ou bien nous nous sentons coupables et nous nous dévalorisons, comme si nous culpabiliser pouvait amoindrir nos erreurs.

Le dos à la Lumière, nous nous aigrissons, nous nous flétrissons, nous nous renions.

Une volte-face suffit, c'est à nous seuls qu'il appartient de la réaliser.

Quand rayonnons-nous, le regard plein de Lumière ?

Quand nous sommes heureux, quand nous aimons.

Que nous manque-t-il pour être heureux ?

Savoir qui nous sommes, oser être ce que nous sommes ; ainsi, nous nous respectons et nous nous aimons vraiment. Si l'amour n'est pas en nous, nous ne le trouverons nulle part. Si la paix n'est pas en nous, nous ne la trouverons nulle part.

Nous attirons ce qui vibre des mêmes vibrations que nous. *"C'est de la mesure dont vous mesurez, qu'il vous sera mesuré." Mat.7.2.*

"Ce que l'on sème, on le récoltera.".Galates.6.7.

"Ne jugez pas, et vous ne serez pas jugés ; ne condamnez pas, et vous ne serez pas condamnés ; remettez et il vous sera remis." Luc.6.37.

Certaines citations sont devenues proverbiales :

“Qui sème le vent, récolte la tempête.”

“Qui se ressemble, s’assemble.”

“Comme on fait son lit, on se couche.”

Quand nous gesticulons à grand bruit, quand nous courons de tous les côtés, nous tournons le dos à la paix.

Arrêtons de courir, recentrons-nous et prenons de la hauteur.

Pour trouver la paix, nous devons nous élever.

Osons être ce que nous sommes, dans l’amour de nous-mêmes, et dans l’amour de l’autre. Cessons de dissimuler, cessons de nous dissimuler. Nous nous cachons sous les apparences, et nous voudrions que les autres nous reconnaissent !

Être vrais, être clairs, c’est apprendre à penser par nous-mêmes. C’est faire cesser le conflit qui existe en nous, entre ce que nous sentons le désir de faire, et ce que nous croyons qu’on attend de nous.

Aimer parce que cela nous met en joie, donner parce que nous aimons donner.

Celui qui donne avec l’idée de recevoir s’aigrit souvent.

Celui qui donne parce qu’il aime donner ne se plaint jamais, il reçoit toujours.

Être heureux, c’est être épanoui. Or, que signifie s’épanouir ? C’est s’ouvrir, s’étendre. De même que la fleur ouvre ses pétales pour exhaler son parfum, pour que l’on admire son cœur, il nous faut ouvrir les bras, aimer de tout notre cœur, et donner cet amour pour nous épanouir.

MALADIE D'AMOUR

Le monde manque d'amour, le monde est malade de l'amour ; il crie son manque par des **maux** qui répandent la terreur chez celui qui ne sait pas entendre.

Pour toute maladie, apprenons à penser "le mal a dit" : cherchons la cause. Le monde est malade parce qu'il étouffe l'amour qui veut naître en lui.

La vérité est si simple que Jésus nous dit : *"Si vous ne changez pas et ne devenez comme les petits enfants, vous n'entrerez pas dans le royaume des cieux. Celui qui se fait petit comme ce petit enfant, c'est lui le plus grand dans le Royaume des cieux." Mat.18.3.*

Si le conflit est en nous, il est autour de nous. Le contraire de la force de guerre, c'est la paix. La paix ne s'impose pas, la force n'y peut rien. La paix durable ne peut venir que d'un jaillissement, elle doit naître du fond de l'homme.

Les méthodes fortes ne peuvent qu'éteindre un foyer ici ou là. Une seule énergie peut vaincre, c'est l'amour. Il y a des peuples en guerre, parce qu'il y a des cœurs en guerre.

La lutte cessera lorsque chacun de nous, sans attendre que son voisin fasse le premier pas, osera planter en lui-même des graines de paix et les cultivera à chaque instant. La lutte cessera quand l'humanité pensera en termes de complémentarité, et non en termes de division.

Si nous pensons complémentarité, nous nous ouvrons à une possibilité d'échange, d'évolution ; chacun de nous peut s'enrichir et agir à travers le message de l'autre.

Le manque de confiance envers nous, envers les autres, envers le Père et la vie qu'il nous donne, empêche d'avancer.

Établissons l'Amour vrai en nous-mêmes, nous œuvrerons ainsi pour les autres, car l'Amour est contagieux.

LÈVE-TOI ET MARCHE

Les religions, les philosophies, les doctrines, sont des structures, des toitures qu'édifient les hommes pour chercher la Vérité ou s'abriter de leurs peurs, parfois pour faire pression sur les autres.

Elles les sécurisent, certes, mais il en découle la méfiance, voire la guerre envers ceux qui n'ont pas choisi la même structure.

L'homme connaîtra la paix et le bonheur quand il ne mettra plus de toiture entre sa tête et la Lumière Divine. Quand tous lèveront la tête vers le ciel, vers Le Plus Haut en eux-mêmes.

À ceux qui changent de religion, qui quittent une maison pour entrer dans une autre, je dis : "apprenez à vivre à l'air libre". Il n'y a qu'un même ciel pour tous les hommes ! Nous y respirons tous le même air, la même lumière y brille pour tous.

Quand enfin nous comprendrons tous que Dieu est Amour, quand enfin nous inscrirons son Nom dans nos cœurs, dans nos yeux, dans nos sourires, et non plus sur des banderoles, ou sur des frontispices, alors seulement nous serons vrais, nous nous reconnaîtrons enfants du même Père, nous serons frères.

Nous serons heureux, quand nous saurons que nous sommes UN.

CROIRE AVANT TOUT

Il est un moyen très efficace pour prier, pour demander tout ce dont nous avons besoin. Se retirer dans un endroit calme, où nous sommes sûrs de trouver la paix et le repos. Ce peut être une église vide, notre chambre, comme ce peut être un endroit paisible dans la nature.

Apaiser notre corps, apaiser notre mental, et mettre en application cette parole du Christ : *"Tout ce que vous demandez dans vos prières,* ***croyez déjà*** *que vous l'avez reçu, et vous l'obtiendrez." Marc.11.24.*

À l'heure actuelle, on donne un nom bien précis à cette forme de prière : on l'appelle la **visualisation créatrice.**

Comment mettre cela en application ?

Quand le corps physique et le mental sont au repos, un bien-être s'installe, un état semblable à celui que nous connaissons au bord du sommeil.

Là, dans une paix profonde, nous pouvons accéder à cette partie de notre être que les sophrologues nomment **espace intérieur**.

Toutes les demandes faites dans cet état de paix sont autant de petites graines qui vont germer en nous, et autour de nous. À condition bien sûr que nous ne répandions pas de désherbant sitôt en éveil, c'est-à-dire que nous n'affirmions pas haut et fort le contraire, que nous ne doutions pas !

Dans la paix de l'esprit, se faire **mentalement** une image de ce dont nous avons besoin, et nous imprégner, dans le plus profond de notre cœur, de la **sensation** que nous avons été entendus et exaucés : le Père agit dès cet instant même, ce que nous demandons déjà est là, et nous met en joie.

Sentiment de plénitude, de reconnaissance, c'est un état qui inonde l'être tout entier, très physiquement.

C'est la profondeur de ce sentiment de joie, de reconnaissance, de louange, qui est la **foi** ; c'est une vibration différente, un état de conscience différent.

La foi, ce n'est pas seulement dire “je crois”, c'est un transport de joie, la foi est chaleureuse ; elle est tellement tangible qu'elle entraîne dans son sillage la réalisation de notre demande.

“Si vous avez de la foi gros comme un grain de sénevé, vous direz à cette montagne : passe d'ici à là-bas, et elle y passera, et rien ne vous sera impossible.” Mat.17.20.

“Tout est possible à celui qui croit.” Marc.9.23.

“Si vous avez la Foi, et que vous n'hésitiez point... Et tout ce que vous demanderez avec foi dans la prière, vous l'obtiendrez.” Mat.21.21.

Il y a une condition, cependant, à l'exaucement de notre demande.

Seules nos erreurs par rapport à la grande Loi d'Amour, nous empêchent d'être heureux. Ces erreurs sont effacées, et nous sommes exaucés, à la mesure dont nous pardonnons aux autres.

“En effet, si vous remettez aux hommes leurs fautes, votre Père céleste vous remettra aussi : mais si vous ne les remettez pas aux hommes, votre Père non plus ne vous remettra pas vos fautes.” Mat.6.14.

“C'est du jugement dont vous jugez que vous serez jugés. C'est de la mesure dont vous mesurez qu'il vous sera mesuré.” Mat.7.2.

“Quand vous êtes debout pour prier, remettez, si vous avez quelque chose contre quelqu'un, afin que votre Père qui est dans les Cieux vous remette aussi vos offenses.” Marc.11.25.

L'hésitation, l'incertitude, les doutes, vont à l'encontre de la foi.

"Pourquoi êtes-vous si peureux ? Comment, vous n'avez pas de foi !" Marc.4.40.

Au début du cheminement, beaucoup sont comme Thomas, qui ne croyait que ce qu'il voyait.

La foi grandit avec la pratique, la connaissance des œuvres qu'elle accomplit. Demandez, demandez sans cesse.

"Ainsi en va-t-il de la Foi : si elle n'a pas d'œuvres, elle est bel et bien morte." Jacques.2.17.

Croire n'est rien si je ne demande pas, si je continue ma vie d'homme ancien. Plus je demande, plus j'obtiens ; plus j'obtiens, plus j'ai la foi, et plus j'ai le désir de témoigner à mon tour des miracles quotidiens qu'elle accomplit.

La foi naît, grandit, jusqu'à être une lumière rayonnante, lumière qui attise le désir de témoigner, de dire à l'autre cette révélation merveilleuse qui s'est faite en nous.

L'autre, s'il est prêt, sentira en lui un déclic, et une étincelle l'embrasera à son tour.

"On n'allume pas une lampe pour la mettre sous le boisseau, mais bien sûr le lampadaire ; elle y brille alors pour tous ceux qui sont dans la maison. Qu'ainsi brille votre lumière aux yeux des hommes, afin qu'ils voient vos bonnes œuvres et glorifient votre Père qui est dans les cieux." Mat.5.15.

LA LUCIDITÉ

Beaucoup, parmi ceux qui veulent prendre le chemin, demandent la Lumière. Or, plus nous demandons la Lumière, plus l'éclairage se fait sur ce que nous devons changer. C'est logique, puisque la Lumière est Vérité.

Attention au voyageur imprudent qui demande la Lumière et ne veut pas se séparer de son balluchon de pensées obscures ! Plus il y a de Lumière, et plus ce que nous semons pousse vite ! L'imprudent s'expose à des expériences qu'il ne pourra pas décoder.

Les yeux du corps (l'ancien regard sur la vie, habitué à l'obscurité des pensées erronées) sont aveugles devant la Véritable Lumière.

À quoi bon demander la Lumière si les yeux sont aveugles ?

Demandons premièrement les yeux nouveaux, le regard nouveau, celui de l'esprit : demandons **la lucidité**.

Cette démarche exige un lâcher prise absolu, une honnêteté totale ; cependant, s'il y a un réel désir de changer, l'honnêteté vient vite. On comprend qu'elle est indispensable.

À partir de là, nous devons accepter que nos défauts nous soient révélés, car toute lumière se fait immédiatement sur eux. Nous allons immanquablement être mis en présence d'un miroir dans lequel nous pourrons nous voir tels que nous sommes. À celui qui veut vraiment évoluer, toutes les aides sont données dans le but de mettre sa tâche en évidence.

Paulo Coelho, l'auteur de "l'alchimiste", écrit : "Quand tu veux quelque chose, tout l'Univers conspire à te permettre de réaliser ton désir."

“Si l’autre te dit que tu es poussiéreuse, me souffla un jour l’Esprit (après que s’est éteinte une rébellion envers une critique entendue), tu peux être recouverte de poussière, comme tu peux n’en avoir qu’un minuscule grain posé. De toute façon l’autre dit vrai. Sois-en sûre. Ta réaction, bien que silencieuse, le crie. Prends en conscience, et époussette-toi !”

L’autre, l’ami, le voisin, le parent ou l’inconnu, quelquefois avec tact, mais d’autres fois sans aucune diplomatie, vont nous mettre le miroir sous le nez.

Des rêves, des événements, vont nous informer des corrections à apporter. Nous devons accepter : c’est nous qui avons voulu savoir.

Les révélations peuvent être douloureuses… Il n’est pas toujours évident de découvrir ce que nous nous sommes caché si longtemps. Il est nécessaire de garder toujours présent à l’esprit le but vers lequel nous cheminons : voir clair en nous, pour ensuite voir clair autour de nous.

Si celui qui croise notre route nous traite d’avares ou d’orgueilleux, nous ne devons pas le saisir au col, mais voir en lui **Celui qui nous aide.**

Si on nous vole un objet… n’avions-nous pas dans l’esprit que nous nous trouvions dans un quartier de voleurs ?

Si notre fils revient avec un mauvais carnet de notes, ne lui avons-nous pas dit que “nous n’en tirerons rien de bon” ? N’avons-nous pas pensé qu’il a de grandes difficultés ?

Si nous avons une angine, quels vilains mots sont sortis de notre bouche ? Ou bien quels mots avons-nous eu envie de dire, sans oser le faire ? Qu’avons-nous ravalé, qu’avons-nous gardé en travers ?

Demander la lucidité, et se placer en observateur de nous-mêmes. Écouter nos propres pensées, nos propres paroles, et, si nous sommes prêts, nous apprenons beaucoup.

La vie, jour après jour, est à la fois notre terrain d’expériences et notre enseignement.

Le miroir agit aussi d'une autre façon : examinons la manière dont nous percevons le défaut de l'autre. Si nous sommes dérangés par le défaut de l'autre, regardons en nous si nous n'y trouvons pas le même.

Si trois personnes parlent entre elles d'une quatrième, il est rare que toutes l'aient perçue de la même façon.

Une personne bavarde protestera vivement si les autres parlent trop.

Elle ajoutera peut-être "je n'ai pas pu en placer une" !

"Et la poutre qui est dans ton œil, tu ne la remarques pas ?" Mat.7.3.

Quand nous aurons enlevé notre défaut, notre poutre, nous verrons le défaut de l'autre, certes, mais ce sera sans jugement, sans en être scandalisés. Nous le remarquerons, simplement.

Il n'y aura plus, à ce moment-là, ni critique amère, ni souffrance, et, par-là même, **une force immense sera en nous...**

AUX PAUVRES PÉCHEURS

Cessons de nous mettre hypocritement à l'abri derrière notre condition d'humains ; "nous ne sommes que des hommes" !

Le bel argument pour nous déculpabiliser !

Se culpabiliser est obscur, se trouver des excuses l'est également. L'équilibre est toujours au milieu.

Voir, mesurer, et transformer.

Jésus dit *"Soyez parfaits, comme votre Père Céleste est Parfait." Mat.5.48.*

Jamais il n'aurait dit cela s'il l'avait cru impossible. Douterions-nous des paroles du Christ ?

Non ? Alors, chaque jour un peu plus, tendons vers la perfection, vers cet être clair qui sommeille en nous, vers *"la vraie Lumière, qui éclaire tout homme." Jean.1.9.* Il n'est pas venu pour que nous nous prosternions devant lui, mais pour que nous suivions le chemin qu'il nous ouvre.

"À tous ceux qui l'ont reçu, il a donné pouvoir de devenir enfants de Dieu, à ceux qui croient en son Nom, qui ne sont pas nés du sang, ni d'un vouloir de chair, ni d'un vouloir d'homme, mais de Dieu." Jean.1.12.

(La chair, c'est l'homme en dehors de la Grâce, le Vieil homme.)

"En vérité, je vous le dis, celui qui croit en moi fera, lui aussi, les œuvres que je fais. Il en fera même de plus grandes, car je m'en vais au Père, et tout ce que vous demanderez en mon Nom, je le ferai, afin que le Père soit glorifié dans le Fils." Jean.14.12.

"J'ai encore bien des choses à vous dire, mais vous ne pouvez les porter à présent. Quand il viendra, lui, l'Esprit de Vérité, il vous guidera vers la Vérité totale. Il me glorifiera, car il prendra de ce qui est à moi, et vous l'annoncera." Jean.16.12.

Celui qui croit impossible d'évoluer n'avancera pas.

L'homme a pour limites celles qu'il se reconnaît ; il n'a pas encore appris à se servir des énormes possibilités qu'il recèle, ni compris à quel point il est créateur.

Pour évoluer, il faut reconnaître que c'est possible, il faut en exprimer le désir, et tendre chaque jour vers le meilleur.

Les aides nécessaires nous sont données. Le dessein du Père est de nous voir nous élever.

"Si vous demeurez en moi, et que mes paroles demeurent en vous, demandez ce que vous voudrez, et vous l'obtiendrez. Ce qui glorifie mon Père, c'est que vous portiez beaucoup de fruit ; vous serez alors pour moi des disciples" Jean.15.7.

Ces paroles ne sont pas faites pour la dissertation, mais pour la pratique de tous les jours.

"La foi sans les œuvres est morte." Jacques.2.26.

L'Esprit descend pour ouvrir le chemin. Nous sommes confrontés à la dualité, mais nous avons la possibilité du choix. Quand l'énergie d'amour est libre d'agir à travers nous, quand nos pensées, nos paroles, nos actes ne sont plus que d'amour, tout ne peut qu'être harmonie en nous et autour de nous. La finalité, c'est l'union librement consentie.

"Tout royaume divisé contre lui-même court à la ruine, toute ville ou maison divisée contre elle-même ne saurait se maintenir." Mat.12.25.

Il serait bien difficile de dire un jour "désormais je fais tout parfaitement". Devant l'énormité de la tâche nous serions enclins à baisser les bras, cela paraîtrait irréalisable.

Mais se dire le matin en se levant : **aujourd'hui** je ne me mets pas en colère, je ne juge pas l'autre, je ne le critique pas, je suis souriant, je ne jalouse pas l'autre, je ne donne à personne le pouvoir de m'irriter, je suis maître de moi à tout instant… Cette démarche, jour après jour, ouvre le chemin d'une transformation totale. L'énergie est ici et maintenant.

Ne pas oublier, le soir, au moment de s'endormir : "aujourd'hui j'ai fait tel progrès, j'en suis heureux, merci pour cet esprit nouveau qui vient en moi."

Quand nous ne savons pas comment orienter notre vie, nos actes, prenons l'habitude de demander ce qui est bon pour nous ; le quotidien prendra alors une tournure différente.

Demander, et lâcher prise, laisser agir le Père ; il est toujours prêt à nous répondre. Nous devons nous ouvrir, demander, confier ce qui nous pèse. Il résout pour le mieux tous les problèmes, et très souvent d'une manière à laquelle nous n'aurions pas pensé.

Ne pas se montrer directif ; demander, et être à l'écoute de la voie qui s'ouvre. "Les voies de Dieu sont impénétrables."

Voici un exemple, puisque nous avons tous, tel Thomas, besoin de preuves pour croire, pour que notre confiance s'installe, et que notre éveil se produise.

Madame **B…** se déplaît dans son milieu de travail. Elle prie ainsi : "Mon Dieu, faites quelque chose, je n'y arrive pas par moi-même. Je veux un travail que j'aime, dans un milieu qui me convient." Puis elle reste à l'écoute, dans la confiance.

Elle a fait une demande précise, mais sans diriger, elle n'a pas demandé autre chose que son bien-être. Elle sait que la réponse peut lui parvenir de plusieurs manières ; c'est la vie qui choisit la meilleure, pour le bien de tous. Cela peut être un changement dans les relations avec ses collègues, l'installation d'un nouveau règlement intérieur, une nouvelle répartition du travail ou des horaires. Ce peut être un licenciement, et une porte qui s'ouvre vers un autre travail.

Lâcher prise, c'est accepter la solution qui vient, sans aucune appréhension, avec foi, sachant que ce sera forcément la meilleure. C'est ne pas essayer de conduire, ni de dévier son accomplissement. Pour en revenir à cette dame, elle a été rapidement licenciée et s'épanouit maintenant dans une tout autre fonction.

Un autre exemple, dans le même domaine, mais tout à fait différent dans sa conclusion.

Une jeune femme vit de gros problèmes dans son milieu de travail : manque de respect, humiliations de la part de son employeur et de ses collègues. Elle prie, pour demander que sa situation s'améliore. Elle ne veut plus souffrir. Quarante-huit heures après, elle reçoit une lettre l'avisant de la mise en route d'une procédure de licenciement : "pour retards répétés", dit la lettre. Tout d'un coup, cette personne se voit sans travail, elle doute, effrayée par la rapidité de la réponse. Elle ne comprend pas que sa demande est en train de se réaliser, elle ne sent que sa peur. Elle est retournée au travail avec cette peur, son employeur a arrêté la procédure de licenciement, et repris ses humiliations.

La foi, la confiance, entretenues en nous, opèrent des miracles tous les jours de notre vie.

Les doutes sont destructeurs, comme en témoigne l'aventure de Pierre : Jésus venait au-devant de ses disciples en marchant sur la mer. *"Pierre, prenant la parole, lui dit : "Seigneur, si c'est toi, ordonne que j'aille à toi sur les eaux" - "Viens" dit Jésus. Descendant alors de la barque, Pierre se mit à s'avancer sur les eaux et à se diriger vers Jésus. Mais voyant la violence du vent, il eut peur et, comme il commençait à s'enfoncer, il cria : "Seigneur, au secours". Aussitôt, étendant la main, Jésus le saisit : "Homme de peu de Foi, lui dit-il, pourquoi as tu douté ?" Mat.14.28.*

Avoir la foi, c'est ne pas paniquer devant le contexte, le symptôme, le vent et l'eau en l'occurrence, **c'est ne pas regarder ce qui est, mais ce qui est au-delà.**

La foi est comme le regard du funambule ; il ne se fixe pas sur le vide, mais sur le but à atteindre.

Nous pouvons demander tout ce dont nous avons besoin pour aller vers le meilleur, en commençant par le **discernement**, puisque le problème de l'homme est là, justement.

Nous sommes aidés pour cheminer vers **le bien**, alors employons-nous à savoir le reconnaître !

Nous ne devons jamais demander quoi que ce soit, qui lèse qui que ce soit. Nous ne devons jamais demander que les autres changent pour mieux nous convenir, nous devons les respecter, les accepter tels qu'ils sont. Ne jamais essayer de manipuler les autres. Demander qu'ils soient éclairés est dans l'Ordre Divin.

Prenons l'habitude de poser des questions à l'Esprit qui est en nous. Il nous est toujours répondu. Soit par l'intuition, cette **certitude qui émerge de nos tripes,** soit par une rencontre, un livre, un événement ; d'une manière ou d'une autre, la réponse nous est donnée.

Quand nous croyons ne pas avoir eu de réponse, c'est toujours parce que nous l'avons empêchée de venir. Par un manque d'écoute, de lâcher prise, d'ouverture, de présence dans l'instant, ou parce que nous voulons diriger la réponse, nous nous fermons à ce qui nous est dit. **"Il n'y a pas pire sourd que celui qui ne veut pas entendre."**

Il est d'une extrême importance de savoir que dans le monde subtil, les mots acquièrent une précision extraordinaire : le Verbe démontre sa Toute Puissance.

Le voyageur de l'esprit doit apprendre à chercher le mot vrai, celui qui reflète exactement son sentiment ou son désir : nous obtenons toujours très précisément ce que nous demandons.

À ce sujet, je me souviens d'une petite expérience vécue au début de mon cheminement :

Me trouvant confrontée à un problème particulier, je fis un soir en priant, la demande suivante : "Père, donnez-moi la clef". Juste ces mots, c'était très précis.

L'après-midi suivant, un monsieur m'accoste en me disant : "je ne sais pas pourquoi, quelque chose me pousse à venir vers vous." Or, de quoi parle-t-on immédiatement, quand on ne sait pas qui est l'autre ? On se présente, et après quelques généralités, on parle de son métier. Il me dit, au bout de trois minutes de conversation : "je suis serrurier". Depuis, je demande la solution de mes problèmes, et non plus la clef !!!

Voilà comment, au long du chemin, la Vie nous envoie tout ce dont nous avons besoin pour ouvrir notre conscience. À nous de voir ou de ne pas voir. Encore une fois *: "Entende, qui a des oreilles." !*

Tu pries efficacement si tu **sens** ce que tu dis, si tu pries avec le cœur, si tu établis le dialogue avec le Père, si tu Le sens "à l'autre bout du fil."

À quelque moment que tu Lui parles, Il est là, Il est déjà là.

Quand tu dis le "Notre Père", prière par excellence, celle qui contient toutes les demandes, celle qui touche à tout ce qui t'est nécessaire, **sens** les mots que tu prononces, **sens** leur importance, leur impact dans ta vie, et les transformations se produiront vite, si tu es prêt à les reconnaître, à les accepter.

CHASSER
TOUT ESPRIT DE RANCUNE

Ne jamais s'installer dans la rancune ; elle est pour notre organisme un véritable poison. Elle dérègle notre foie, elle crée des inflammations dans nos articulations, elle dérègle notre vision, elle s'installe en travers de notre gorge où elle peut créer des troubles de toutes sortes.

La rancune, augmentée du sentiment d'injustice, est un virus destructeur pour notre organisme.

"Mettez-vous en colère, mais ne péchez pas. Que le soleil ne se couche pas sur votre colère !" Ephésiens.4.26.

Il se peut que nous ayons des instants de révolte, mais nous devons dire ce qui nous dérange, au moment où cela nous dérange, et sans violence. Nous devons nous exprimer sans juger, ni accuser, ni culpabiliser, et ne jamais laisser s'installer un état de révolte intérieure. Toute révolte entretenue devient rancune, révolte qui dure bien au-delà de l'événement, de l'instant.

Or, la révolte est un élan, une immense énergie.

Celui qui n'a pas cultivé la sagesse va laisser se développer cette énergie de manière incontrôlée : ce sera un élan destructeur.

Pour celui qui cultive la sagesse, la révolte est un élan constructif : il saura appréhender le problème dans sa vérité, et laissera couler en lui les mots qui apaisent. Tout problème a une cause, et donc une solution.

Avant de s'endormir, il est bon de s'en remettre au Père, de lui demander que la Lumière se fasse sur telle situation, ou sur telle relation. Le sommeil sera bon, et le lendemain la situation se présentera différemment.

D'une façon ou d'une autre, elle aura évolué vers plus de clarté. Le problème sera résolu, ou en cours de résolution. La clarté peut être l'accord, l'union, ou bien la séparation. Il faut être prêt à accepter ce qui vient, car c'est toujours le meilleur.

Si, par contre, nous nous couchons en état de révolte, le lendemain nous serons confrontés à la suite de cette révolte, avec une animosité bien plus grande encore…

L'amour du Père, le bien-être, ne demandent qu'à circuler en nous. Tout ce qui n'est pas lâcher prise, abandon, n'est que poings serrés, blocage d'énergie. Seul ce qui change évolue. Si nous ne sommes pas prêts à changer, nous ne faisons que brasser les mêmes cartes, jouer au même jeu, répéter les mêmes erreurs.

Madame **E…** a d'énormes problèmes de voisinage. Elle habite depuis près de vingt ans un lotissement, où ses voisins les plus proches "lui font mener une vie impossible !" Tout a commencé il y a plusieurs années. Elle a étendu une lessive. Ils ont fait une grillade près de celle-ci. Elle était très mécontente, et le leur a dit ; ça ne leur a pas plu. Après, il y a eu des histoires d'animaux empoisonnés et de voitures abîmées.

Je lui parle de responsabilité, d'énergies, et lui dis qu'elle doit cultiver cette violence en elle. Mais non, me dit-elle, je ne suis pas méchante ! Et c'est vrai, je le vois.

Or, il y a plusieurs manières de cultiver la violence :

- Être violent.
- Avoir peur de la violence.
- Se révolter contre elle.

C'est le deuxième cas, me dit-elle. Son mari et elle redoutent leurs voisins. Tous les jours ils discutent sur ce qui peut bien se mijoter en face…

Elle a compris. Elle, et son mari ont lâché prise.

Deux mois après, un panneau “À vendre” fleurissait sur la maison de leurs voisins.

Deux mois, après vingt ans ! N’est-ce pas merveilleux ?

Il y a plusieurs manières de cultiver une mauvaise énergie :

- La chérir et la faire sienne,
- En avoir peur,
- Se révolter contre elle.

Dans tous les cas, elle est nourrie, et se développe.

“Tenez-vous sur vos gardes, de peur que vos cœurs ne s’appesantissent... dans les soucis de la vie.” Luc.21.34.

DEMANDER,
DEMANDER SANS CESSE.

L'homme doit maintenant apprendre à demander en esprit, à s'en remettre sans cesse à Celui qui peut tout.

"L'heure vient, - et même elle est là, - où les vrais adorateurs adoreront le Père en Esprit et en Vérité ; car ce sont de tels adorateurs que cherche le Père. Dieu est Esprit, et ceux qui adorent doivent adorer en Esprit, et en Vérité." Jean.4.24.

"Faites en tous temps par l'Esprit toutes sortes de prières et de supplications. Occupez-y vos veilles avec une persévérance infatigable." Ephés.6.18.

"De même que nous avons revêtu l'image du Terrestre, il nous faut revêtir aussi l'image du Céleste." Corinthiens.1.15.49.

"Il faut en effet que cet être corruptible revête l'incorruptibilité, que cet être mortel revête l'immortalité." Corinthiens.1.15.53.

Ne craignons pas de demander, le Père peut tout.

Ne nous culpabilisons pas en pensant "c'est si peu, mes misères, je dois me débrouiller seul, il y a tant de misères bien plus importantes, chez moi ou chez les autres" !

Non, erreur ! Le Père peut tout, pour tous. Le fait que nous demandions quelque chose ne va pas lui faire délaisser les autres. Il est **omniprésent**. J'ajouterai même que plus nous demandons, plus nous recevons, et plus notre foi grandit.

Ainsi, nous pouvons témoigner avec plus de force auprès de ceux qui n'ont pas encore essayé. Je connais, parce que je la vis à chaque seconde, l'efficacité de la prière du cœur, et j'en témoigne. À vous d'en prendre conscience, de la pratiquer, afin de faire grandir cette Lumière en vous, puis d'en témoigner à votre tour, quand elle deviendra rayonnante.

Madame **C...** travaille dans une entreprise où tout le personnel fume, à longueur de journée. Elle pense que respirer librement est son droit le plus élémentaire, et qu'elle en est privée. Depuis plusieurs mois, elle demande à son employeur de réagir, d'interdire la cigarette... au moins dans le bureau qu'elle occupe... On lui rit au nez. Elle apprend un jour qu'elle peut, en priant, demander ce dont elle a besoin. Elle avait été une très bonne élève au catéchisme, mais jamais elle n'avait entendu cela. Elle décide aussitôt de mettre cette information en pratique, comprenant déjà intuitivement qu'elle est entendue, exaucée, et à l'aube d'une métamorphose.

Dès le lendemain, elle obtient ce qu'elle avait demandé, et commence ainsi une grande aventure...

"Il te sera fait selon ta Foi". Cette petite phrase revient tout au long des évangiles. Ce n'est pas une histoire ancienne, classée. La promesse tient toujours.

Le Christ est ressuscité, il est vivant, et il agit en nous. Seul le manque de foi est un obstacle à cette vérité. Demandons qu'augmente notre foi. Si nous le demandons bien sincèrement, c'est que nous avons le désir d'aller sur son chemin, et c'est suffisant pour qu'il nous fasse signe.

Gardons toujours présent dans notre esprit : nous n'avons que les limites que nous croyons avoir. *"L'amour excuse tout, croit tout, espère tout." Corinthiens.1.13.7.*

ENTRER DANS LA VIGNE

Par le baptême, nous sommes appelés à être des enfants de Dieu.

C'est une porte qui s'ouvre pour nous, mais nous devons avancer ; nous ne devons pas nous contenter de rester sur le seuil.

"Qui ne me suit pas, n'est pas digne de moi." Mat.10.38.

"Efforcez-vous d'entrer par la porte étroite, car beaucoup, je vous le dis, chercheront à entrer, et n'y parviendront pas." Luc.13.24.

Par le baptême, nous entrons dans la vigne *:*

"Je suis la vraie vigne, et mon Père en est le vigneron... celui qui demeure en moi, et en qui je demeure, celui-là porte beaucoup de fruit, car hors de moi vous ne pourrez rien faire. Si quelqu'un ne demeure pas en moi, on le jette dehors comme un sarment, et il sèche ; et les sarments secs, on les ramasse, on les jette au feu, et ils brûlent. Si vous demeurez en moi et que mes paroles demeurent en vous, demandez ce que vous voudrez, et vous l'obtiendrez. Ce qui glorifie mon Père, c'est que vous portiez beaucoup de fruit ; vous serez alors pour moi des disciples." Jean.15.1 à 15.8.

C'est par l'adoption d'un mode de vie nouveau, qui est tout amour, que nous portons du fruit, et que nous accomplissons nos œuvres.

"Ne jugez pas, pour n'être pas jugés." Mat.7.1.

Quand il est dit de ne pas juger, ce n'est pas seulement pour préserver l'autre, c'est également pour nous préserver.

Une personne très pieuse me disait récemment : “moi, je ne juge jamais les autres, mais ce que fait untel avec sa famille, ça me rend malade !”

Voici un bel exemple de ce que produit le jugement sur nous-mêmes : ce n’est pas l’autre qui te perturbe, mais la façon dont tu le perçois, le regard que tu portes sur lui.

Si tu n’as aucun jugement, tu n’es pas ébranlé au-dedans de toi. Plus tu rumines ton jugement, plus tu es agacé. La preuve, c’est que même loin de l’autre, tu es encore énervé ; le souvenir est tien et suffit pour te rendre malade.

Ton jugement crée aussi dans ton univers. Si tu affirmes que l’autre te fait du mal, tu sèmes des graines pour récolter plus de mal encore. Même si l’autre peut être très agréable avec certains, il ne le sera pas avec toi.

Les catholiques, dans leur acte de contrition, disent “j’ai péché, par la pensée, par la parole, par l’action.”

Le sens réel du mot acte est actum : chose faite.

En réalité, penser et parler sont aussi des actes.

Que l’on pense, parle ou agisse, nous créons, c’est ce que dit le Christ tout au long de son enseignement.

“Je ne suis pas venu abroger la loi ou les prophètes, je ne suis pas venu abroger, mais parfaire...” Mat.5.17.

“Vous avez appris qu’il a été dit, tu ne tueras pas, quiconque tue sera passible du jugement, et moi je vous le dis, tout homme qui se met en colère sera passible du tribunal.” Mat.5.21.

“Tout homme qui regarde une femme avec convoitise, a déjà, dans son cœur, commis l’adultère avec elle.” Mat.5.28.

Le proverbe dit : “les paroles se perdent, les écrits restent.”

Dans la réalité les paroles ne se perdent pas. Elles créent, et les pensées également. À longueur de journée, nos paroles, nos propos erronés nous nuisent, comme ils nuisent aux autres.

“La bouche parle du trop-plein du cœur.” Mat.12.34.

“Je vous le dis, de toute vaine parole qu’ils auront dite, les hommes rendront compte au jour du jugement. Car, c’est sur tes paroles que tu seras justifié, et sur tes paroles que tu seras condamné.” Mat.12.36.

“Ce n’est pas ce qui entre dans la bouche qui rend l’homme impur ; ce qui sort de la bouche, voilà ce qui rend l’homme impur.” Mat.15.11.

L’apôtre Jacques parle merveilleusement de la langue : *“Bien petit membre qui se comporte parmi nos membres comme celui qui infecte le corps entier et enflamme la roue de l’existence.” Jacq.3.6.*

Si chaque jour nous examinions notre comportement, ne serait-ce qu’un dixième du temps que nous accordons à l’examen du comportement des autres, nous serions vite des êtres exemplaires.

Comment espérer une bonne santé :
- si tous les jours tu te plains de tes maux ?
- si tu jalouses celui qui a une santé florissante ?
- si tu racontes que tous les médecins ou guérisseurs que tu as rencontrés sont nuls.
- si tu penses que tu as toujours eu une mauvaise santé, que c’est “ton lot”.

C’est impossible.

Comment mettre fin à ta solitude :
- si tu dis que tous les gens que tu rencontres sont inintéressants ou stupides ?
- si tu es sûr d’être, toi-même, inintéressant et stupide ?
- si tu ne sors pas de chez toi, de peur de rencontrer les autres ?

C’est impossible.

Comment veux-tu trouver du travail, si tu penses et dis à qui veut bien l'entendre :

- que c'est le lot de tous d'être un jour chômeurs ?
- que c'est un problème sans solution ?
- que sans "piston", on ne trouve rien ?
- que, de toute façon, si tu trouvais un travail, tu serais sous-payé ?
- que tu n'intéresses personne ?

C'est impossible.

Pense également à tes enfants, que, par de tels propos, tu couvres d'une épaisse couche de pessimisme et de désespérance.

Nous vivons dans un monde où l'argent est une énergie, un moyen d'échange. Nous en avons besoin pour nous nourrir, nous vêtir, nous loger…

Si tu souffres du manque d'argent, peut-être dis-tu que tu n'en as jamais eu, que l'abondance n'est pas pour toi, peut-être penses-tu que l'argent est tabou, impur. Ne jalouses-tu pas celui qui en a beaucoup ? Ne le critiques-tu pas s'il ne donne rien aux autres ? Ne dis-tu pas "heureux en amour, malheureux en argent" ? Ne te plains-tu pas d'avoir à payer plus qu'il ne reste dans ta bourse ? Ne le donnes-tu pas à regret, pensant "que tu n'es pas près d'en avoir d'autre" ? Ne cherches-tu pas à bloquer la circulation de l'argent en amassant, en thésaurisant ?

L'argent, comme la santé ou les amis, tout coule à travers nous. Si nous pinçons le canal d'énergies, si nous bloquons le passage par nos pensées négatives, limitatives, il se produit un déséquilibre. **Tout peut être harmonie, tout doit être harmonie… si nous le décidons.** Cela ne tient qu'à nous.

Si tu décides de commencer à demander en esprit, lâcher prise implique qu'une fois ta demande faite, tu ne penses ni ne dises quoi que ce soit qui aille dans le sens contraire.

Si tu demandes de rencontrer l'homme de ta vie, et qu'une heure après tu dises à une amie “les hommes sont tous pareils, bla-bla-bla…” tu annules ta demande, tu mets du désherbant sur ta future récolte.

PARDONNER À SES ENNEMIS

Il y a peu de temps, une toute jeune fille me disait : “pardonner à ceux qui nous persécutent, ce n’est que des mots, on ne peut pas”. En la faisant parler davantage, elle me révèle son problème : sur le chemin du lycée, plusieurs garçons ont pris l’habitude de la bousculer, ils s’amusent à la perturber.

Que fait-elle, quelle est sa réaction ?

Elle les menace, elle crie. Elle ne comprend pas pourquoi la situation ne change pas. Puis elle entend la Parole, et prie le Père en demandant qu’ils soient éclairés.

Ils ont disparu de sa vie, comme évaporés !

Confier son ennemi au Père, en lui pardonnant avec le cœur (on n’est pas obligé de sauter au cou de l’autre, ni même de lui dire qu’on lui a pardonné).

J’ai souvent rencontré des personnes qui, la rancune au cœur, me disaient : j’envoie de l’amour, mais ça ne marche pas, l’autre continue !

C’est logique, il faut dans ce cas cesser de se mentir.

On ne peut pas envoyer ainsi l’amour que l’on n’a pas. Humblement, simplement, dans le secret de son cœur, demander qu’il soit donné de l’amour à celui qui paraît en manquer. Sentir l’autre entouré par l’amour du Père.

Agir de cette manière nous remplit en retour de l’amour qui nous faisait défaut.

Demander que l’autre soit éclairé, et il sera entouré d’une lumière de Vérité dans laquelle il va automatiquement être mis en face de sa faute.

"Bien-aimés, laissez agir la colère divine... si ton ennemi a soif, donne-lui à boire. Ce faisant, tu amasseras sur sa tête des charbons ardents. Ne te laisse pas vaincre par le mal, mais triomphe du mal par le Bien." Romains.12.20.

Dieu, qui aime l'autre comme son enfant, lui montrera aussitôt son erreur. Nous n'avons pas à chercher comment; cela se fait, c'est tout. La correction de l'autre est son histoire, pas la nôtre.

Chercher la nature de la correction serait faire preuve d'une curiosité malsaine, éclairée elle aussi par la Lumière que nous recevons en retour.

N'oublions pas que le premier sens du mot corriger signifie : rendre meilleur, remettre droit.

Lâcher prise, toujours. Se défaire de son fardeau pour le remettre au Père puis Le laisser faire.

"Le seigneur corrige celui qu'il aime. Il châtie ceux qu'il accepte comme fils. Vos épreuves ne tendent qu'à vous corriger. Dieu vous traite en fils. Quel est le fils que son Père ne corrige pas ?... Toute correction, il est vrai, paraît sur l'heure un sujet de tristesse et non de joie, mais elle produit plus tard, chez ceux qu'elle a ainsi formés, des fruits de paix et de justice. Relevez vos mains qui défaillent et vos genoux qui chancellent; faites-vous des voies droites pour y marcher, afin que les boiteux ne s'estropient pas, mais que bien plutôt ils guérissent." Hébreux.12.6.

Si nous marchons le dos courbé avec la peur du bâton, en maugréant sur tout ce qui nous arrive, nous sommes le boiteux qui va s'estropier un peu plus.

Arrêtons-nous, relevons la tête, décidons de quitter notre condition de "pauvres pécheurs", acceptons de rentrer en nous-mêmes, et demandons au Père de nous éclairer sur nos erreurs en nous donnant le discernement.

Peu à peu, la conscience va s'ouvrir; comme la semence qui croît jour et nuit, la Sagesse travaillera en nous, et la voie droite, la voie qui guérit, s'ouvrira devant nous.

LE SENS DE L'ÉPREUVE

L'univers a son langage. La vie est intelligente, elle nous parle à travers tout, nous amenant à changer notre conscience pour la faire évoluer.

Cultiver un état de conscience négatif, c'est cultiver une énergie négative. Cette énergie va créer, se manifester, elle va amener à vivre une expérience, une **épreuve.**

Le mot épreuve comporte deux significations :

- chagrin, douleur, malheur.
- ou **expérience**, **essai.**

Expérience vient du mot peser, et signifie "connaissance acquise par la pratique".

Essai signifie "action de tester les qualités".

Débarrassons-nous de ces vieux schémas de pensées, qui nous faisaient dire que l'on grandit par la douleur, la souffrance. La souffrance n'est pas nécessaire, elle n'est pas indispensable pour les besoins de la vie. Elle ne possède pas le pouvoir d'élever. Elle n'est que la mise en lumière d'un vide, d'un manque qui aspire à être rempli.

Une épreuve porte en elle son potentiel de transformation. Elle peut se vivre de deux façons : passive ou active.

Ou l'épreuve est subie, et apporte le malheur ; ou l'épreuve est vécue comme une expérience, un essai qui révèle **les qualités qui faisaient défaut.**

Dans ce cas, l'épreuve n'a plus de raison de continuer : l'essai est transformé !

EN TOI, POINT DE VIDE

Pour trouver la paix intérieure, il ne suffit pas de s'asseoir en tailleur et de faire le vide dans notre esprit. Si nous prétendons chasser les pensées erronées de cette manière, quand nous croirons avoir opéré le grand nettoyage, elles reviendront, encore plus nombreuses.

"Lorsque l'esprit immonde est sorti de l'homme, il erre par les lieux arides en quête de repos, et il n'en trouve pas. Alors il dit : "Je vais retourner dans la maison d'où je suis sorti." À son arrivée, il la trouve libre, balayée, bien en ordre. Alors il s'en va prendre avec lui sept autres esprits plus méchants que lui; ils reviennent et s'y installent. Et l'état final de cet homme devient pire que le premier." Mat.12.43.

Pour éviter cette mésaventure, il faut compter sur la puissance des affirmations. Une affirmation positive agit sur trois plans à la fois :

- Elle va faire taire le bla-bla-bla négatif de notre mental.
- Elle évitera le vide désastreux.
- Elle fera germer, dans notre conscience, l'état d'esprit qui lui correspond.

Nous pouvons choisir celles qui nous conviennent le mieux. En début de cheminement, il est bon de faire des affirmations globales, qui agiront sur notre être tout entier.

Voici quelques exemples de ces affirmations :

- Je suis la santé, je suis le succès, je suis l'abondance, je suis l'amour.

- Dieu m'aime et prend soin de moi.
- Dieu éclaire ma route et guide mes pas.
- Dieu est mon aide et mon libérateur.
- L'esprit de guérison du Christ me remplit et me guérit.
- La puissance de Dieu circule en moi librement.
- Si Dieu est en moi, qui sera contre moi ?
- Dieu fait briller sur moi la lumière de sa force.
- Je suis un centre de force et de pensée indépendant de mon corps, je suis Un avec Dieu, et je suis le centre de mon univers.

Cette pratique des affirmations peut se faire à tout moment. Elle permet de se recentrer dès que nous sentons notre esprit s'égarer.

FAIRE LE VIDE NE GUÉRIT PAS

Tu as le sentiment d'être "sous pression".

Tu te sens stressé, entraîné par un courant que tu ne maîtrises pas, manipulé, blessé peut-être... alors tu essaies de décompresser, de faire le vide dans tes idées.

Peut-être prends-tu des médicaments pour t'aider à faire ce vide, et tu te sens alors devenir tel un automate, pour ne pas dire un mort vivant.

En définitive, tu te sens encore plus diminué et impuissant que tu ne l'étais.

Qu'est le stress, sinon manque d'harmonie ?

Ce manque, c'est une soif de tout ton être.

Dans ton état de stress, ton mental est comme une coupe de poisons. Ces poisons nuisent à ton être tout entier.

Toi, tu essaies de faire le vide.

Crois-tu qu'une coupe vide puisse désaltérer, apporter de quoi combler le manque, étancher cette soif de bien-être que tu ressens ? Certainement pas.

Apporte à ton être une coupe pleine d'un breuvage désaltérant.

Si tu veux l'harmonie, emplis ton esprit de pensées harmonieuses, et prends conscience que l'intensité, la constance avec lesquelles elles t'empliront, dilueront, puis chasseront le mauvais.

Le principe est le même que si tu places un verre plein de liquide sale et épais sous un jet d'eau claire. En peu de temps, le contenu de ton verre sera limpide.

Si tu le veux, tu le peux, car la vie est à l'œuvre en toi.

Quand, au plus profond de nous, nous avons intégré cette certitude que nous sommes responsables de tout ce qui nous arrive, il n'y a plus de place en nous pour la peur.

Toute la place est alors remplie par le désir de devenir l'homme nouveau, celui qui pense, parle, agit, dans la vérité, l'amour, et la foi.

Peu à peu, sursaut après sursaut, disparaît l'ancien nous-mêmes.

Une autre personne vient en nous, qui nous étonne bien souvent, car nos pensées, nos paroles, nos actes, ne sont plus issus du raisonnement, mais de la spontanéité de l'Esprit, libéré en nous.

"Si le grain de blé tombé en terre ne meurt, il reste seul, mais s'il meurt, il porte beaucoup de fruit." Jean.12.24.

"Ceux qui ont mis en Dieu leur confiance comprendront la Vérité." Sagesse.3.9.

Savoir qu'il est possible de se transformer, désirer le changement, et entreprendre ce changement.

Le choix nous appartient de comprendre et de faire ce qui est bon.

Peut-il y avoir plus grande liberté que celle-là ?

"Mais pourquoi ne jugez-vous pas par vous-mêmes ce qui est juste ?" Luc.12.57.

Pourquoi continuer à faire des erreurs, à subir la maladie, la pauvreté, l'adversité, alors qu'en acquérant une autre manière de fonctionner, tout devient si facile ?

LE HASARD N'EXISTE PAS

Les états d'âme ne sont que des balbutiements de l'âme. L'âme tend vers un état, auquel elle aspire en permanence.

"Cœur qui soupire n'a pas ce qu'il désire" dit le proverbe.

Le désir secret de l'âme, c'est le détachement, la douceur, l'élévation, la sérénité, la transparence, l'amour, le oui inconditionnel.

Tout cela se fond en un seul sentiment, mélange indescriptible de joie et d'énergie vitale, qui constitue la certitude **d'être.**

Dans cet état repose la certitude qu'il n'y a pas de hasard.

Dieu, qui est Parfait, aurait-il pu laisser la moindre place pour le hasard ?

De même que la terre tourne autour du soleil, que sont les quatre saisons, les marées, les cycles de la lune, et le mouvement des astres dans le ciel**, tout est loi.**

Il n'en est pas autrement pour l'homme.

La loi, c'est une Lumière de Vérité qui voit, traverse, emplit, éclaire toute chose visible ou invisible à nos yeux.

Nous évoluons dans cette Lumière, nous respirons, pensons, parlons, agissons en Elle.

Elle est Amour absolu, Vérité absolue, Justice absolue.

L'intelligence humaine a su créer des rayons pour voir à l'intérieur du corps, elle a su désintégrer les particules de l'atome, mais elle ne peut aucunement imaginer cette Lumière-là.

Elle ne se voit pas avec les yeux du corps, elle se sent.

Rien n'échappe à cette lumière.

"Rien n'est caché qui ne devienne manifeste." Luc.8.17.

"C'est de la mesure dont vous mesurez qu'il vous sera mesuré." Mat.7.2.

Ne croyons plus que nous sommes soumis au hasard de la vie.

La vie n'est pas hasard, elle est **création juste.**

Tous les domaines de notre vie sont tels un champ d'une fertilité extraordinaire, dans lequel nous semons et nous récoltons.

La Lumière est Vérité et clarté absolues.

"Cela seul est grand… qui est clair… qui éclaire…" m'a soufflé en un jeu de mots la voix de l'univers, alors que j'étais en contemplation devant le soleil levant.

LA COMPASSION

L'autre souffre, et tu l'aimes.

Alors tu souffres avec lui, tu penses à ses malheurs, tu les analyses, tu les commentes, tu te rebelles contre ce qui le touche. Tu te révoltes contre ceux qui lui font du mal, tu les accuses, tu trembles de peur que ce ne soit pire… Sa souffrance vibre en toi.

Tu n'aideras jamais l'autre en épousant sa souffrance.

Une souffrance + une souffrance = deux souffrances.

Tu produis en fait, sans en avoir conscience, des sentiments qui vont l'enfoncer plus encore dans son obscurité. À travers son obscurité, l'autre t'est reconnaissant, mais, tous deux, vous hantez les décombres.

Celui qui se noie se débat en tous sens.

Plus il se débat, plus il s'essouffle et s'enfonce.

Le sauveteur est obligé d'empêcher la production de ses mouvements désordonnés ; il doit le maîtriser, sinon il se noie avec lui. On n'aide l'autre à revenir sur la terre ferme qu'en étant ferme et solide soi-même.

Aider une personne qui souffre à reprendre pied, est un sauvetage similaire. Ne pas épouser les vibrations désordonnées de l'autre, mais le ramener vers la paix. Écouter l'autre, le comprendre, puis l'aider, implique que tu sois dans la paix, et vigilant, afin de ne pas la perdre.

La peur et la révolte de l'autre ne peuvent vibrer en toi que si elles font écho avec tes propres peurs et tes propres révoltes.

Ne plus offrir d'écho implique de les dissoudre, de te dissoudre.

Oui, dans le plan subtil, tout est inversé : nous devenons solides, fermes, quand nous nous dissolvons.

Cela implique de ne plus vibrer d'autre sentiment qu'amour qui élève, et enthousiasme.

Se transformer, penser à sa propre construction n'a rien d'égoïste, bien au contraire, c'est la préparation au partage.

Il me vient ici la parole d'un moine catholique, qui tenait une conférence sur "le devoir de s'aimer soi-même".

"Si je ne m'aime pas moi-même, je ne peux pas aimer les autres. S'aimer soi-même, qu'est ce que c'est ? C'est concourir à l'unité en moi avant de m'unir aux autres, concourir à mon bien propre avant de travailler au bien de l'autre. C'est bien simple, si je ne sais pas monter à bicyclette, je ne vais pas prendre quelqu'un sur la barre. Il faut d'abord que j'apprenne à monter à bicyclette, pour proposer à quelqu'un de le transporter. Il faut d'abord apprendre à s'aimer soi-même, et c'est une chose si banale qu'on ne la dit jamais."

LA DÉPRESSION

La "dépression" est un constat d'échec de "l'homme ancien".

Le désir qu'il a de mourir est aussi sa chance de renaître.

Abrutir l'être dépressif par des drogues, c'est empêcher les contractions de l'accouchement, retarder la naissance. C'est courir le risque d'asphyxier "l'homme nouveau".

Il est nécessaire d'aider la personne dépressive dans sa mue, de l'accompagner dans sa nudité des premiers instants, de la rassurer.

Il est essentiel de lui faire comprendre que son état ne va pas vers la mort, mais vers un nouvel équilibre, vers une résurrection.

Le dégoût qu'il a soudain de sa vie, n'est pas la révélation d'une tare ; alors l'aider à se déculpabiliser, l'amener à comprendre que ce qu'il veut fuir ne lui correspond plus, tout simplement. Son être profond a d'autres aspirations, d'autres priorités non encore avouées, refoulées au fond de lui. Il est appelé vers une recherche, une découverte de lui-même.

Au lieu de l'enfermer dans son état, il faut l'aider à comprendre que ce qui fait courir les autres et ce à quoi il n'aspire plus, n'est peut-être plus, pour lui l'essentiel.

L'amener à trouver ses nouvelles motivations, ses nouveaux buts, sa nouvelle façon d'être, son nouveau lui-même.

C'est une grande chance que de se sentir un jour étouffé, dans cet uniforme étriqué, endossé simplement pour faire comme les autres. Une chance, que d'avoir un jour la possibilité de revêtir un habit de lumière.

ÉMERGENCE DU NOUVEAU : S'ÉVEILLER

Le guérisseur, le magnétiseur, le radiesthésiste, sont anciens.

De génération en génération se sont perpétuées, murmurées de bouche à oreille, des prières et des recettes dont certaines datent de l'aube des temps. Les secrets, alors, devaient être bien gardés, sous peine de perdre leurs pouvoirs.

Amener les autres à croire en les dons d'un seul, c'est fabriquer des idolâtres, c'est du passé.

Faire de l'autre un être passif, c'est du passé.

Le nouveau, c'est l'acte responsable.

La parole est un acte. Par la parole témoigner, par la parole responsabiliser, par la parole éveiller.

Ainsi chacun se relie consciemment à Lui, notre Père.

Tout mal-être, de quelque nature qu'il soit, est maladie. Or il y a deux manières de vivre la maladie :

Soit la vibration est "Je suis encore malade."

Soit la vibration est : "Je veux guérir."

Entendez-vous la différence des vibrations ?

Le premier cri, c'est l'être passif, celui qui veut qu'on le plaigne et qu'on le prenne en charge. Chez celui-là, il faut semer le désir.

Le deuxième cri, c'est l'être prêt à se mettre en route, à devenir actif. Chez celui-là, il suffit de montrer le chemin, de guider ses premiers pas, jusqu'à ce qu'il voie lui-même la Lumière.

L'éveilleur ne guérit pas par lui-même, il est l'intermédiaire, il amène l'autre à la guérison.

Il prend la main de l'autre et la met dans la main du Père.

L'éveilleur est discret, il ne se met jamais en avant. Il invite l'autre à regarder le chemin, et non pas celui qui montre le chemin.

"Quand le sage montre la lune, le sot regarde le doigt." dit le proverbe.

Jésus, le plus grand guérisseur de tous les temps, ne dit pas *"Je t'ai guéri."*, mais "*Ta foi t'a guéri.*". Il sait, lui, responsabiliser la personne qui souffre en lui disant : *"Va, et ne pèche plus."*.

Nous devons intégrer l'idée que nous sommes responsables de notre état actuel. Aider l'autre à guérir, c'est l'éveiller à cette idée.

Cependant, *"Entende, qui a des oreilles."* Ajoute-t-il !

LES SENS DE L'ÂME

Derrière ses pétales fermés, la fleur a pris le temps de laisser mûrir son cœur, pour qu'il exhale tout son parfum, le moment venu.

Il en est de même pour nous. Nous devons rentrer en nous-mêmes, dans le secret, prendre conscience de cette chaleur, de cette paix, de ces essences, de cet amour infini qui existe **déjà** au fond de nous.

Comment pourrions-nous bien donner, si nous ne savons pas ce que nous possédons ?

Quand nous avons pleinement conscience de ce que nous sommes, nous exhalons un parfum différent, plus mûri, plus pur, qui attire, rassure et vivifie ; un parfum dont certains diront qu'il est **magnétique.**

Pour communiquer avec le monde de la matière, nous possédons cinq sens, nous le savons tous : le toucher, le goût, la vue, l'odorat, et l'ouïe.

Pour communiquer avec le monde subtil, d'autres sens nous sont nécessaires, que nous possédons déjà.

Comme nous avons appris à différencier les couleurs, comme nous avons appris à mettre un nom sur les sensations que nous procurent le chaud, ou le froid, nous devons prendre conscience des sens de l'âme, et apprendre à les décoder.

Les sens de l'âme se développent par l'écoute, la contemplation, l'acceptation de ce qui est, et la compréhension de ce que nous ressentons.

S'arrêter un instant, être profondément uni à ce qui est.

Dans le grand silence, écouter ce que je sens.

Par exemple, quand je regarde un bouton de rose, longuement, avec amour, il éveille en moi une sensation. Je ressens la vie qui enfle, le balbutiement de la beauté et de la jeunesse.

En mémorisant cette sensation profonde, je saurai la reconnaître chaque fois que je la ressentirai.

Quand je m'arrête auprès de la rose fanée, quand je la regarde longuement, avec amour, je perçois ce qui émane d'elle, et je ressens alors un départ, un adieu, une séparation.

Je ne reçois pas cela au niveau de l'intellect, mais dans le corps, dans le cœur, dans les tripes, c'est une sensation, c'est une vibration.

En mémorisant cette sensation· profonde, je saurai la reconnaître, chaque fois que je la ressentirai.

Être en écoute, c'est cela; c'est aimer la vie qui m'entoure, jusqu'à en ressentir le vécu. **Comprendre, parce que je les sens, l'émotion, l'état, la vibration de l'autre.**

Là, bien au-delà des mots, se révèle la vérité de l'autre.

"Ce que tu es crie si fort, que je n'entends pas ce que tu dis", dit Emerson.

Une lueur dans le regard, une intonation qui change, un mot échappé saisi au vol, un silence, un geste incontrôlé, un tremblement, ou bien, au contraire, par ce qu'il croit être une maîtrise totale de sa façon de communiquer, l'autre se révèle dans sa totalité à celui qui **voit.**

Cependant "on ne prête qu'aux riches", nul ne peut atteindre la clairvoyance s'il n'est pas clair lui-même.

Celui qui nourrit des pensées obscures n'aura pas la clarté.

Quand on a conscience que la Vie est Amour, sentir le manque, c'est comprendre ce qui veut naître.

Nous avons alors la possibilité de participer à la naissance.

VOUS LES RECONNAÎTREZ À LEURS FRUITS

Sois vigilant, à chaque instant. Si tu veux faire ce chemin, et si tu as besoin d'aide, ne cours pas demander conseil à n'importe qui.

"Ce ne sont pas tous ceux qui me disent : Seigneur ! Seigneur ! qui entreront dans le Royaume des Cieux, mais celui qui fait la volonté de mon Père qui est dans les Cieux... Écartez-vous de moi, vous tous qui violez la loi !" Mat.7.21.

"Gardez-vous des faux prophètes qui viennent à vous sous des dehors de brebis, mais au-dedans sont des loups rapaces. C'est à leurs fruits que vous les reconnaîtrez." Mat.7.15.

"Il surgira de faux Christ et de faux prophètes, qui opéreront de grands signes et prodiges, capables d'égarer, s'il était possible, les élus eux-mêmes. Vous voilà prévenus !" Mat.24.24.

"Prenez garde de ne pas vous laisser égarer ! Car il en viendra beaucoup sous mon NOM, qui diront : c'est moi ! Et encore : Le temps est tout proche ! Ne vous mettez pas à leur suite." Luc.21.8.

Demande le discernement, demande.

Tu veux la liberté d'être ? Alors ne va pas t'asservir aux ordres de celui qui dit pouvoir t'apprendre le bien-être, et va pour cela te demander tous tes sous.

C'est sûr, il faut bien vivre, *"l'ouvrier mérite son salaire." Luc.10.7.* Cependant, celui qui prétend montrer le chemin à l'autre doit y marcher lui-même, et il n'y est pas s'il fait partie de ceux qui thésaurisent. *"Nul ne peut servir deux maîtres... Vous ne pouvez servir Dieu et l'argent." Mat.6.24.*

Jésus, envoyant ses disciples porter au loin la Parole, leur dit : *"N'amassez pas, cherchez qui est digne de vous recevoir, et demeurez chez lui jusqu'à votre départ." Mat.10.11.*

Celui qui accepte aujourd'hui de porter la Parole doit se loger et se nourrir lui-même, c'est certain ; le temps est révolu, où l'on pouvait demeurer chez l'habitant. Il doit simplement appliquer le lâcher prise qu'il enseigne, au lieu de chiffrer exagérément l'aide qu'il apporte.

"Cherchez Son Royaume, et cela vous sera donné par surcroît." Luc.12.31.

La Foi s'applique dans ce domaine également.

S'il lâche prise, la vie lui donnera tout ce dont il a besoin, et ce sera une magnifique occasion de voir se manifester les œuvres de sa foi.

Ne va pas vers celui qui dit détenir seul la Vérité.

Ne va pas vers celui qui te voit comme une pauvre victime, innocente devant tout ce qui t'arrive. Il affirme que tes malheurs proviennent de gens ou d'esprits mauvais, dont il est le seul à pouvoir te débarrasser. Celui-là va te fidéliser longtemps, et cela te coûtera très cher.

Un autre détail te permettra de reconnaître un bon guide :

"Ne cherchons pas la vaine gloire, pas de provocations entre nous, entre nous pas d'envie." Galates.5.26.

Ne va pas vers celui qui fanfaronne, imbu de son importance et de ses pouvoirs.

Voilà certains fruits grâce auxquels tu reconnaîtras celui qui va le chemin. En toute chose, recherche l'équilibre, l'harmonie, la Vérité, et cette même Vérité, toujours à l'œuvre, te gardera d'aller où tu ne dois pas. Sens toi-même ce qui est bon, et ce qui ne l'est pas.

Sache que, de toute façon, celui à qui tu vas demander de l'aide n'est qu'un guide, **un éveilleur**. Il t'amènera, s'il est pur, à ouvrir ton esprit, mais la sagesse, la vraie, ne peut te venir que d'en haut**. L'homme fait savoir, et l'Esprit Saint descend vers celui qui s'en rend digne par la sincérité de sa prière.**

Aucun homme ne peut te donner plus, quand bien même tu lui offrirais tout ce que tu possèdes.

LA NOUVELLE DEMEURE

"Aimez-vous les uns les autres, comme je vous ai aimés." Jean.13.34.

"Si vous m'aimez, vous observerez mes commandements, et moi je prierai le Père, et il vous donnera un autre Défenseur, pour être à jamais avec vous. L'Esprit de Vérité, que le monde ne peut recevoir, parce qu'il ne le voit ni ne le connaît. Mais vous, vous le connaissez, parce qu'il demeure chez vous, et qu'il sera en vous." Jean.14.15.

"Quiconque vient à moi, écoute mes paroles, et les met en pratique, ressemble à un homme qui, bâtissant une maison, a creusé, creusé profond, et posé les fondations sur le roc." Luc.6.47.

Oui, il faut creuser, chercher au fond de soi, dépasser les limons de l'obscurantisme sur lesquels nous avions l'habitude de construire notre vie.

Nous avons tous, au fond du cœur, la même Lumière. Accepte de réveiller ce qui dort au fond de toi, accepte de te démarquer, de te démasquer, pour l'amour de toi, pour l'amour de tous les autres.

Tu ne peux t'aider, tu ne peux aider les autres, si tu restes à l'abri dans la peur d'être toi.

Ouvre tes yeux, ouvre ton cœur, ouvre tes bras !

Aime-toi, aime l'autre, aime la vie, et la vie te le rendra.

L'amour vrai, va par trois.

Le Père, les autres, et moi, unis dans une goutte de Lumière éternelle. Peu à peu, comme grimpe une stalagmite, goutte après goutte, un nouvel être grandit en moi. Comme c'est un être de paix, je me surprends à l'aimer ; je me sens de mieux en mieux, de plus en plus légère. C'est une découverte, une aventure, un chemin vers de plus en plus de Lumière. Merveilleuse aventure que ce chemin de la résurrection et de la vraie vie, où l'Esprit Saint est le compagnon de tous les instants.

Le Père est amour, harmonie, joie, santé ; si je me laisse emplir par Son énergie, alors je suis tout cela.

Pour avoir ouvert mon esprit à cet amour, Père, je vous chante.

Je suis libre… J'ai juste à Vous aimer, à Vous aimer dans tout ce qui est, et à me laisser aimer de Vous.

RETROUVER LE VERBE

"Au commencement était le Verbe, et le Verbe était auprès de Dieu, et le Verbe était Dieu... et le Verbe s'est fait chair, et il a habité parmi nous... La Grâce et la Vérité sont venues par Jésus Christ. Nul n'a jamais vu Dieu; un Dieu, fils unique qui est dans le sein du Père, lui, l'a révélé." Jean.1.1 à 1.18.

"Ce n'est pas vous en effet qui parlerez, c'est l'Esprit de votre Père qui parlera en vous." Mat.10.20.

Le Verbe était Dieu... Il s'est fait chair pour ouvrir nos yeux. À ceux qui acceptent de ne plus vivre selon l'homme ancien, mais de pratiquer corps et âme l'enseignement d'amour que nous a donné le Christ, Il donne, par l'Esprit Saint, Son Verbe pour les guider et les glorifier.

Retrouver le Verbe, c'est retrouver notre origine.

L'Amour y siège par trois : le Père, le Fils, et le Saint-Esprit.

Alors, plus de conflits, plus de heurts, plus d'entraves, plus de liens, plus de peurs. Il n'y a que ce chemin qui s'ouvre, ce chemin de Lumière, plus douce et plus intense que nulle autre lumière. Clarté en toutes choses, rayonnement de Votre regard d'amour qui embrasse, traverse, transperce, embrase toutes choses.

Nulle ombre, tout devient transparent, tout devient lumineux, tout devient évident.

Ô Père, c'est si bon de se sentir aimés de vous !

"Aujourd'hui, je connais d'une manière imparfaite, confuse, mais alors je connaîtrai comme je suis connu." Corinthiens. 1.13.12.

Retrouver le Verbe, retrouver notre origine, ne va pas sans quelques heurts. Depuis notre enfance, nos parents, nos proches, nous ont modelés, sans trop s'en apercevoir, tout comme nous les avons modelés nous-mêmes. Ensemble, nous avons construit une famille, une structure dont chacun est une pierre à la forme bien précise.

Lorsque nous devenons autres, nos proches ne nous perçoivent plus de la même façon, de même que change notre manière de les percevoir. Notre changement les déroute, les effraie quelquefois. Il se peut alors que l'édifice s'écroule, les pierres n'ayant plus entre elles les mêmes points d'appui.

"Personne ne rajoute une pièce de drap neuf à un vieil habit, car le morceau ainsi rapporté tire sur l'habit, et la déchirure devient pire." Mat.9.16.

"N'allez pas croire que je suis venu apporter la paix sur la terre ; je ne suis pas venu apporter la paix, mais le glaive. Oui, je suis venu dresser l'homme contre son père, la fille contre sa mère, la bru contre sa belle-mère. Et l'on aura pour ennemis ceux de sa propre maison." Mat.10.34.

Se sentir, au cours du chemin, si différent de ses ascendants… jusqu'à se croire atterri au milieu d'eux, jusqu'à les renier parfois…

Le chemin m'a éloigné des miens pour un temps, le temps où je m'éloignais de l'ancien moi-même.

Remises en questions, élagages, renoncements, et puis la **compréhension**, la **délivrance.**

Tout quitter de l'ancien regard, pour tout retrouver d'un œil nouveau.

L'ancien regard juge, réagit, se révolte, se scandalise, s'apitoie, s'effraie.

Pour le nouveau regard, tout défaut est manque, insuffisance que la vie nous révèle.

Celui qui a le nouveau regard, a en lui assez d'amour pour combler le manque…

"Qui veut en effet sauver sa vie la perdra, mais qui perd sa vie à cause de moi la retrouvera." Mat.16.25.

Jusqu'à cette nuit où, au fond de mon sommeil, cette nuit où, au fond de moi-même, j'ai entendu chanter mon père, ses yeux pleins d'une émotion radieuse !

Si tu savais, pendant cette grande aventure, combien tu es aimé, combien d'âmes espèrent avec toi cette délivrance vers laquelle tu chemines ! Leurs mémoires étant en toi, ils sont participants et bénéficiaires de tout ce que tu délies. Et tout ce que tu délies est délié dans la vie de tes enfants, car la délivrance est Vie Éternelle.

"En vérité, je vous le dis, tout ce que vous aurez lié sur la terre se trouvera lié au ciel, et tout ce que vous aurez délié sur la terre se trouvera délié au ciel." Mat.18.18.

"Désormais le moissonneur va recevoir son salaire et amasser du fruit pour la Vie Éternelle, pour que semeur et moissonneur se réjouissent ensemble. Car ici se vérifie le proverbe : autre est le semeur, autre le moissonneur. Je vous ai envoyés moissonner ce pour quoi vous n'avez pas peiné ; d'autres ont peiné, et c'est vous qui recueillez le fruit de leurs peines." Jean.4.36.

Tu n'es en paix avec ton passé qu'une fois intégrée cette certitude : tous ceux que tu as rencontrés sur ta route, tous les événements de ta vie, t'ont amené à te bousculer, à te dépasser, à comprendre.

Tes propres erreurs t'ont forcé à avancer, par les enseignements qu'elles t'ont apporté. Alors, pourquoi te sentir coupable de ce qui t'a enrichi ?

Les autres, par leurs défauts comme par leurs qualités, t'amènent à prendre conscience de l'essentiel. Alors, comment ne pas les aimer ?

On n'est en paix avec son passé que lorsqu'on le considère comme un enseignement de grande richesse.

Dieu est à l'œuvre en chacun de nous. Ou tu refuses l'enseignement, et tu te bloques, ou tu l'acceptes, et tu grandis.

Le sentiment, alors, est contemplation, gratitude, amour.

"Tu aimeras le Seigneur ton Dieu de tout ton cœur, de toute ton âme, et de tout ton esprit. Tu aimeras ton prochain comme toi-même." Mat.22.37.

Nous sommes tous membres d'une même vie. Tout n'est qu'une seule et même chose : la Création en marche.

La résurrection est l'instant hors du temps, l'instant d'éternité où tu déposes le fardeau du passé.

La possibilité de cet instant est présente à chaque instant.

Trouver l'éveil, c'est acquérir le nouvel œil, ce troisième œil dont on parle dans les traditions orientales, et plus encore tout au long de l'enseignement du Christ.

"Vous serez tout oreilles et vous ne comprendrez pas, vous regarderez de tous vos yeux, et vous ne verrez pas, car le cœur de ce peuple s'est épaissi. Ils sont devenus durs d'oreilles, ils ont fermé les yeux." Mat.13.14.

"Mais vous, heureux vos yeux, parce qu'ils voient, et vos oreilles, parce qu'elles entendent." Mat.13.16.

C'est une vision au-delà de la dualité. C'est voir l'essence des êtres, la cause des situations, des événements, sous l'éclairage de la Lumière de Vérité.

L'ancien regard reçoit des images, et croit vrai ce qu'il voit. Il donne du pouvoir à ce qu'il voit. Ainsi, il subit, et multiplie ce qu'il subit.

Le regard nouveau est rayonnant. Il ne s'arrête pas à ce qu'il voit. La Lumière éclaire plus loin, derrière, et révèle la réalité sous-jacente.

Il voit, au-delà du manifesté, ce qui ne demande qu'à venir, c'est-à-dire l'harmonie, la perfection.

"Heureux ceux qui croient sans voir." Jean.20.29.

"La lampe du corps, c'est l'œil. Si donc ton œil est sain, ton corps tout entier sera dans la Lumière. Mais si ton œil est malade, ton corps tout entier sera dans les ténèbres." Mat.6.22.

Celui qui voit avec l'œil nouveau voit en Vérité. Il transforme et multiplie les transformations.

Chacune de nos cellules est Énergie d'Amour à l'œuvre. L'ignorer est ténèbres, soleil masqué.

Fils et Filles de Lumière, nous sommes faits pour rayonner.

LE TEMPLE DE DIEU, LUMIÈRE DANS LA MATIÈRE

La matière obscure, opaque, apeurée, doit devenir claire, translucide, confiante, afin que la Lumière rayonne à travers elle.

Que toutes pensées soient claires, transparentes, amour.

Que toutes paroles soient claires, transparentes, amour.

Que toutes actions soient claires, transparentes, amour.

En toi, plus de peurs, plus de doutes, plus de recoins obscurs, plus rien de caché qui ne soit éclairé, et tu rayonneras de Lumière.

Alors, tel un grand feu sous le vent allume les brindilles alentour, sous le souffle divin s'allumeront de nouvelles flammes, dans les cœurs et dans les yeux de ton entourage.

Ainsi se propage la Lumière.

LES MIRACLES DU QUOTIDIEN

Il y a quelques années, je priais pour ceux qui avaient besoin d'aide, leur demandant simplement de lâcher prise pour qu'opère la force.

Maintenant, j'agis différemment.

J'amène les autres à devenir actifs, à prendre conscience de leur responsabilité, à éclairer leurs obscurités.

Je témoigne auprès d'eux du pouvoir que donne la prière, la demande du cœur.

J'ai sélectionné ici quelques exemples touchant des domaines différents, et au travers desquels chacun pourra trouver l'inspiration pour résoudre son propre problème.

La Foi devient forcément contagieuse au vu de ses œuvres…

Il y a quelques années encore, j'habitais un immeuble regroupant de nombreux appartements de fonction. Un couple, dont la jeune femme était très mal dans sa peau, vivait au-dessous de chez moi. De temps en temps, je proposais à cette personne d'aller se promener ou courir ensemble.

Peu à peu, elle m'a trouvée indispensable, et venait chez moi de plus en plus souvent, plusieurs fois par jour. Très timide, je n'osais lui dire qu'elle me dérangeait. C'était juste au début de mon chemin…

Je demande un jour au Père d'être libérée du poids de cette personne, et pour le bien de chacun de nous. C'était un samedi…

Le lundi, elle sonne à ma porte et m'annonce que leur logement est réquisitionné pour y installer des bureaux. Un appartement plus grand les attend.

Cette nouvelle la met en joie.

Ils ont déménagé en fin de semaine. Elle n'est plus revenue. J'ai vécu encore deux ans dans cet immeuble. Il n'y a jamais eu de bureaux dans leur appartement. Celui-ci est resté vide plusieurs mois, puis une nouvelle famille s'y est installée.

S… m'appelle un jour, affolée. Elle a reçu une mise en demeure, qui exige le remboursement d'un trop perçu de la Caisse d'Allocations Familiales. Elle a essayé d'obtenir un délai, un étalement des remboursements. Échec ! On lui parle d'huissiers ! "La personne qui m'a reçue n'a rien voulu entendre, elle est bornée… etc." me dit-elle.

Je n'avais pas encore la parole qui transmet, qui responsabilise l'autre et le rend créatif. Je lui dis simplement, "Va faire un tour, regarde les vitrines en ville ou les petits oiseaux dans la campagne, je fais quelque chose !"

Le lendemain, la personne avec qui elle avait eu un entretien auparavant, l'appelle dès l'ouverture des bureaux, et lui dit "J'ai pensé à vous cette nuit. J'ai une solution !" en bref, **S…** a obtenu un étalement de ses remboursements, qu'elle a pu solder sans difficulté.

Qu'avais-je fait ?

J'ai affirmé simplement que "Toutes deux sont des créatures de Dieu" et que "Là où est Dieu, il y a l'harmonie."

L… est enceinte jusqu'au cou !

Elle redoute la visite de sa belle-sœur et de son beau-frère, qui vont arriver pour quatre jours d'un long week-end, avec leurs enfants très remuants. Elle en a parlé à son mari qui refuse d'annuler l'invitation.

Je lui dis : "ils ne viendront pas, tranquillise-toi !"

Je demande, dans ma prière, que se fasse le meilleur pour tous.

Elle m'appelle le lendemain. Les invités se sont décommandés car leurs enfants sont couverts de boutons. Ils ne veulent pas exposer **L…** a une éventuelle rougeole.

La demande est exaucée, mais cependant je suis encore au début de mon chemin, et les doutes sont venus. Ai-je pu faire du mal à ces enfants ? Culpabilité, questions…

Au milieu de mes doutes, je n'avais pas vraiment conscience que c'est le Père qui agit, et qu'il est Amour.

Quelques jours après, j'ai su que les enfants avaient simplement mangé trop de fraises…

D… se remet doucement de gros problèmes de santé.

Elle a perdu le bébé qu'elle attendait et une infection a nécessité une grosse opération gynécologique. Actuellement en congé maladie, elle ne se sent plus le courage de reprendre son travail dans le milieu médical. "L'avenir lui fait très peur." De plus, elle se sent trop seule, sans homme dans sa vie.

Elle ne voit pas encore toute cette lumière qui l'enveloppe. Je la lui décris. Elle s'arrête de pleurer, et sourit doucement.

Deux mois après, elle m'appelle, transformée. Elle a un autre travail. Elle dirige une crèche. "Je suis dans la vie !" rit-elle !

Je lui demande : "avez-vous fait la connaissance d'un homme" ?

Et là, elle a une réponse merveilleuse : "Non, ce sera pour plus tard. Quand je parle, ce que je dis m'étonne, j'ai un autre regard sur la vie.

Pour le moment je suis très occupée à faire connaissance avec moi-même."

K... a trente-deux ans et souhaite devenir maman depuis plusieurs années. Elle a subi un long traitement pour provoquer ses règles. Elle a arrêté ce traitement, elles se sont arrêtées aussi. On lui parle de nouveau traitement, et de fécondation in vitro.

Nous nous rencontrons, elle prend conscience de ses idées négatives en ce qui concerne la maternité.

Sa façon de voir la maternité pour elle-même est déviée, et la maternité des autres est vécue avec une grande exaspération.

Elle comprend dans quel système de pensée elle s'est emprisonnée. Elle exprime sa demande, puis lâche prise et espère, sans impatience.

Elle devient maman dans l'année.

L... a déjà un enfant. Depuis très longtemps, elle souhaite être maman une seconde fois. Les années passant, elle s'impatiente vraiment. Au cours de notre conversation, elle se souvient de son premier accouchement, long et difficile, au cours duquel elle a crié "plus jamais" avec une conviction profonde.

Elle a ensuite cultivé ce refus quelques années encore, puis elle est passée sans transition à l'impatience et au découragement.

Un déclic se fait en elle.

Elle exprime sa demande, puis s'installe dans la confiance.

Son deuxième enfant est là l'année suivante.

H... est un homme d'une quarantaine d'années, sans travail, chômeur de longue durée et maintenant attributaire du R.M.I. Il se ferme au mouvement de la vie par ses états d'esprit négatifs : il ne veut pas être "l'ouvrier qui engraisse un patron", ni "un patron qui engraisse l'état" !

Je lui fais prendre conscience de l'obscurité de l'impasse dans laquelle il se tient, et de la nécessité de réviser ses jugements, de lâcher prise.

Trois jours après, il a trouvé un travail d'intérim. "Une semaine seulement" me dit-il, heureux et désolé à la fois.

Nous reparlons du lâcher prise, de la confiance.

À la fin de la semaine, il est embauché sur le même emploi, en contrat à durée indéterminée.

R... est harcelée chaque jour par un ancien compagnon avec qui elle a rompu. Elle a peur, elle ne sait plus que faire.

Au cours de notre conversation, elle comprend combien elle a hésité en rompant leur relation : donc, il n'est pas vraiment parti. Elle prend conscience également de ce fait : plus elle appréhende de le revoir, plus il la relance.

Je demande la paix pour elle. Elle fait confiance. Il n'est jamais revenu.

R... fut plus que stupéfaite par la rapidité du dénouement.

J. P… vit à trois cents kilomètres de chez moi. Il m'appelle un soir, souffrant d'un abcès dentaire. Sa joue est énorme. Il a vu son dentiste ; il prend les médicaments qui lui ont été prescrits, mais il a très mal.

Je lui demande de raccrocher, d'aller s'allonger, de se mettre dans un état de confiance, et de penser qu'il est en train de recevoir de l'aide, dès à présent.

Le lendemain, il me dira qu'à peine allongé sur son lit, l'abcès s'est ouvert. Il a dû se relever pour cracher tout ce qui en sortait.

Qu'avais-je fait ?

J'ai simplement demandé que son mal, et la cause de ce mal, disparaissent.

Lui, par sa confiance, s'est ouvert à la guérison.

M… a du mal à payer ses factures… une mauvaise période… Je lui cite des exemples de redressements soudains et je demande de l'aide pour elle.

Quarante-huit heures après, elle rencontre son ex mari, qui lui fait un joli chèque, couvrant largement l'ensemble de ses dettes.

Ce n'était pas du tout dans ses habitudes, me dit-elle !

Je dois l'empêcher de me parler de l'avarice dont il faisait preuve auparavant, et lui dis la nécessité d'abandonner ses jugements.

J. P… est en début de dépression. Rien ne va plus dans sa vie. Il vit loin de ses racines, dans une région qui ne lui plaît pas. Les hautes montagnes étouffent son horizon. Il s'ennuie dans un travail qui ne lui rapporte que très peu d'argent. Rien ne va plus dans son couple. Il a trente ans et fait un constat d'échec à longueur de journée. Tout lui semble fermé dans son univers.

Je lui parle de la possibilité de voir tout s'ouvrir très rapidement s'il en émet le désir et s'il comprend sa responsabilité.

Il le veut, mais ne sait pas par où commencer.

"Des trains vont se présenter à toi, lui dis-je. Sois prêt à sauter dedans."

Dans la semaine qui suit, son épouse lui propose un divorce à l'amiable. Ils n'ont pas d'enfant. Il accepte.

Dans la même semaine, son entreprise réunit tout le personnel pour proposer un plan de licenciements économiques. On demande que ceux qui sont intéressés se fassent connaître. Il lève la main.

Il quitte alors cette région, sa femme et son emploi, avec soulagement et sans aucune difficulté.

Il revient naturellement dans sa région d'origine.

Il y trouve, sans même les chercher, un appartement et une voiture. Il obtient ensuite un nouvel emploi, sitôt ses congés épuisés…

Après quelques mois de recul, il me dit : "Un tapis s'est déroulé devant moi ! Je n'ai eu qu'à avancer !

Y… a été victime d'un très grave accident de la circulation. Après des semaines de coma, dix mois d'hôpital et maintes opérations, son fémur ne consolide pas. Les radiographies montrent le clou qu'on lui a implanté, et la cassure nette. On lui parle de greffe.

Au cours de la conversation, elle réalise que des peurs importantes l'empêchent de se remettre debout.

Elle devra, quand elle sera guérie, affronter des problèmes datant d'avant l'accident, et que sa situation avait fait mettre entre parenthèses.

Je demande la consolidation de son fémur, et la force pour vaincre ses problèmes.

Deux mois après, la consolidation est nettement amorcée, ainsi que le montrent les nouvelles radiographies.

Aujourd'hui, le clou a été enlevé depuis longtemps, et elle marche sans difficulté.

Ses problèmes matériels ? Ils sont également réglés !

L… est sans travail depuis plusieurs années.

Un après-midi, nous en parlons en marchant sur la plage. Elle manque vraiment de ressources et ne peut même pas offrir un cadeau de Noël à son petit-fils.

Je lui parle des velléités évidentes qu'elle manifeste par rapport à l'idée de travailler. Elle en prend conscience, et demande un emploi avec conviction. Par le passé elle a été secrétaire médicale.

Là, elle demande simplement du travail, disposée à prendre ce qui se présentera.

Le soir même, son gendre l'appelle.

Il est représentant et, dans l'après-midi, il a rencontré un médecin très ennuyé de ne plus avoir de secrétaire…

D… rêve de vivre une vie de couple. Elle a un ami qui, depuis quelques années, l'invite de temps en temps pour aller danser et finir la soirée au lit. Ceci quand il veut et rien de plus ! Elle voudrait vivre avec lui, partager l'intimité d'un foyer.

Je lui dis qu'elle ne peut forcer quelqu'un à agir contre son gré. Par contre, elle peut demander de partager une vie de couple harmonieuse avec un homme. Ensuite il faut faire confiance, et lâcher prise.

Ce peut être lui, s'il y est prêt et si c'est une bonne chose pour tous les deux, mais ce peut être un autre. Le meilleur se fera.

Deux jours après, son ami lui téléphone. Ils vont danser. Au cours de la soirée, il lui fait une scène et rompt leur relation.

Elle m'appelle en pleurs.

Je l'amène à comprendre que la réalisation de sa demande est en route. Elle a un cœur à une place, et cet homme-ci fait place nette. C'est bien !

Elle reprend espoir.

Une semaine plus tard, elle est resplendissante. Elle a fait trois rencontres en quelques jours ; elle n'a senti d'attirance particulière envers aucun des hommes qui l'ont courtisée, mais se sent revivre devant ce mouvement de vie.

Quelques jours plus tard, elle me raconte ses regrets, elle compare le physique des hommes qu'elle croise et celui de l'homme qu'elle a perdu…

Très peu de temps après, il est réapparu, s'est excusé, l'a ramenée danser, l'a ramenée au lit. Elle s'est remise à sa disposition, et a repris avec nostalgie ses rêves de partage.

Elle a eu le choix. Elle a usé de son libre arbitre.

T… travaille depuis de très nombreuses années dans une entreprise, "bouche-trou" me dit-elle. Tantôt ici, tantôt là. Elle a de grandes capacités, de grandes connaissances. Elle rêve d'un poste fixe, à la hauteur de ses compétences, et dégage beaucoup d'amertume en parlant de sa situation.

Ce problème la perturbe tant qu'elle en devient dépressive. Elle est d'ailleurs en congé maladie pour quelques jours.

Je lui parle de sa responsabilité.

Elle refuse, me dit que je lui fais "encore plus mal". Elle part.

Quinze jours après, elle a digéré l'information, et revient.

Elle entreprend alors, avec beaucoup de foi et de volonté, de grandes transformations dans son esprit.

Trois mois après, elle dirige un service d'une douzaine de personnes dans la même entreprise.

Bravo, **T… !**

N… est très ennuyée. Ses beaux-parents sont âgés, ils habitent au loin et ne peuvent plus se suffire. Il faut agir vite. Tous les enfants se sont renseignés, les prix des maisons d'accueil sont excessifs par rapport à leurs revenus.

Nous prions, elle lâche prise.

Le lendemain, elle m'appelle. Sa belle-sœur, qui habite sur place, a trouvé une maison de retraite très convenable, dont les prix sont raisonnables. Mais le problème actuel est qu'ils sont en vingt-cinquième position sur la liste d'attente.

Nous prions à nouveau, elle lâche prise.

Ses beaux-parents ont été acceptés dans la maison de retraite, en priorité, deux jours plus tard, seulement.

G… et moi partons faire le réveillon de fin d'année en voyage organisé sur la Costa Brava.

Dans l'autocar, les chauffeurs organisent une loterie. Un voyage à Venise, lot principal, ainsi que plusieurs lots de consolation seront tirés au sort. Il s'est vendu plusieurs centaines de billets.

La veille du tirage, le soir, je demande de gagner ce voyage, et je me sens l'accueillir avec joie.

Le lendemain, l'un de nos deux billets gagne un joli cadre argenté. Une photo de mariée est insérée dans ce cadre. Clin d'œil !... Je sais que le voyage est pour nous. Le deuxième billet nous le confirme aussitôt.

Bien sûr, nous avons visité Venise.

G... et moi sommes en Autriche, nous visitons Vienne.

Depuis des années, il regarde à la télévision le concert du Nouvel An, retransmis depuis le Musikverein, une des plus prestigieuses salles de concert de la ville. Il rêve d'y entendre Mozart.

Durant les mois précédant le voyage, il a vainement essayé d'obtenir des places.

Pendant que nous flânons en ville, une jeune femme nous accoste ; elle a deux places à vendre pour le lendemain soir.

Nous nous retrouvons donc le lendemain au premier rang des premières loges de cette salle, pour un merveilleux concert.

Il y a quelques années, j'ai quitté la ville pour venir vivre dans un joli petit village. La plupart des rues de ce village étaient anonymes, et cela depuis très longtemps, m'ont dit des voisins.

Comment mes amis allaient-ils pouvoir me retrouver ?

Je demande en priant, et je fais confiance.

Deux mois plus tard des plaques sont posées, pour signaler tous les noms des rues.

A… n'est pas du tout contente… elle me désigne du doigt un gros livre posé sur son bureau. “Ils veulent que j'apprenne tout cela par cœur !”. Un audit est prévu d'ici quelques jours dans son entreprise. Tous les employés seront interrogés séparément, et sur tout l'ouvrage.

Elle refuse de “retourner à l'école”. Son travail l'occupe tout le jour, et le soir en rentrant, elle doit prendre soin de son bébé et de sa maison ! Bref, elle n'est pas contente, pas contente du tout…

Depuis quelques années, j'ai conscience d'avoir découvert un trésor extraordinaire, et je vois là une occasion de le partager avec elle.

Je lui dis, “ne te révolte plus, ne redoute pas, tout se passera bien, fais confiance.”

“Tu ne peux pas savoir” me dit-elle.

J'essaie de parler de nos possibilités intérieures… ce n'est pas le moment pour elle.

Alors j'avance avec assurance : “S'il se passe quelque chose de surprenant, est-ce que tu me demanderas la recette ?”

“Oui, me dit-elle, mais ça m'étonnerait !”

J'ai donc demandé très fort que **A…** soit débarrassée de ce problème d'audit.

Quelques jours après, elle m'appelle pour m'annoncer que “le Monsieur de Paris, n'est pas descendu ; il a annulé l'audit.”

Par la suite, il est venu un jour, en “coup de vent”. Il a réuni tous les employés, et posé rapidement quelques questions auxquelles répondaient ceux qui voulaient.

M... a déjà eu, par trois fois, un petit kyste sur le dessus du poignet. La première fois, le médecin consulté lui a dit :

“c’est un kyste liquide” et, le compressant à l’aide d’une pièce de monnaie, l’a fait éclater et disparaître.

Quelques mois plus tard, le kyste réapparaît. Connaissant le traitement, elle procède de la même façon, et l’élimine à nouveau. Un an et demi après, il revient, et bien plus gros : il a la taille d’un pois chiche.

Je demande simplement qu’il disparaisse, posant doucement ma main sur la sienne.

Quatre ou cinq jours plus tard, elle regarde sa main et me dit, surprise : “oh ! Il n’est plus là, je l’avais oublié !”

Plusieurs années se sont écoulées, le kyste n’est jamais revenu.

Je visite une cathédrale à Vienne…

À droite de l’autel, un immense Saint-Michel, resplendissant d’or fin terrasse le dragon.

“Saint-Michel” lui dis-je en prière, “toi qui terrasses le dragon, aide-moi à terrasser les miens !”

Le lendemain, je me trouve confrontée à des travaux pratiques de belle taille.

Une visite dans une mine de sel est prévue.

Elle se trouve à plusieurs centaines de mètres au-dessus de nous. On y accède par de frêles télécabines de deux places, suspendues, cent mètres au-dessus du vide, à un câble de trois centimètres de diamètre. Une rude surprise !

C’est mon vertige qui a été terrassé ce jour-là, confronté à la Lumière de Vérité, et brûlé par elle.

F… est un monsieur très pieux. Il a effectué, il y a bien longtemps, ses études au petit séminaire.

Il y a quelques années, il a suivi des enseignements sur "l'énergie", au cours desquels on lui a vendu de "l'ouverture de chakras." Il a bien du mal à comprendre pourquoi il rencontre tant de soucis dans sa vie.

Il m'appelle un jour, très fatigué physiquement et moralement. Il a eu un gros chagrin, il y a quelques semaines, et en a complètement perdu le sommeil. Il est épuisé. Il me dit : "Pourtant je prie, je demande sans arrêt."

Je lui dis : "Que demandes-tu ?"

Il me répond : "La lumière."

Je lui suggère de demander le sommeil !

Il m'appelle quelques jours après pour me dire : "Ça marche ! Je dors à nouveau comme un bébé !".

DEVENIR LUMIÈRE POUR TÉMOIGNER

L'aide la plus efficace que l'on puisse apporter à celui qui souffre, que ce soit dans sa personne, dans sa famille, ou dans ses biens, c'est l'amener à comprendre qui il est, et la raison de sa souffrance actuelle. Bien sûr, il est primordial de soulager sa douleur, d'éloigner le symptôme de l'instant, mais la guérison, la vraie, celle qui dure, ne se fera qu'à travers une prise de conscience.

Prendre conscience que le corps n'est que la partie apparente de notre être vrai. Une flamme divine est en nous, qui est Amour, et qui veut aimer.

Prendre conscience que la maladie, la douleur, les symptômes, ne sont qu'un cri, qu'un appel de cette partie de nous-mêmes.

Être amour, s'aimer soi-même, se pardonner, accepter les autres, leur pardonner, et les aimer.

Tout est là, et c'est embrasser cette loi qui nous rend si libres !

Libérés de toute peur, pour aujourd'hui ou pour demain, de toute colère, de toute rancune, de tout sentiment de culpabilité, ou d'infériorité, de tous ces sentiments qui contraignent, enchaînent, font courber la tête et affectent le corps.

L'Esprit de Vérité est si simple que le monde compliqué a bien du mal à y croire. Il est si près de nous que l'homme qui court et cherche au loin ne peut le voir.

Un seul moyen pour atteindre l'autre : témoigner.

À ceux que cette révélation a transformés, de témoigner, simplement, dans leur vie de tous les jours, sans tapage. Cette grâce, chacun est capable de l'allumer en lui, puisqu'elle est là, tout au fond, bien cachée sous les grosses couvertures de l'apparence.

Il est important, il est primordial, d'écouter l'autre : comment lui tendre la main si je ne sais pas où il se trouve ?

Il faut être amour et joie dans le calme, la sérénité et l'humilité. Les débordements peuvent choquer celui qui est enfermé dans ses prisons mentales, et il aurait tôt fait de tourner le dos à un "illuminé" !

C'est là qu'il faut se souvenir de la parole de Jésus, lorsqu'il lava les pieds de ses disciples : *"Le serviteur n'est pas plus grand que son maître, ni l'envoyé plus grand que celui qui l'envoie.". Jean.13.16.*

Ceux que j'aide à trouver la paix, à devenir plus forts, parce que plus confiants et plus libres, augmentent en moi la foi, la force, et m'aident à progresser.

Tout est échange, tout est amour, quoi de plus évident ?

DE L'USAGE DU NOM DE JÉSUS

"Jean lui dit "Maître, nous avons vu quelqu'un expulser les démons en ton Nom, quelqu'un qui ne nous suit pas, et nous avons voulu l'en empêcher, parce qu'il ne nous suivait pas"

Mais Jésus répondit : "Ne l'en empêchez pas, car il n'y a personne qui, faisant un miracle en mon Nom, puisse bientôt après dire du mal de moi. Car ce qui n'est pas contre nous est pour nous". Marc.9.38.

"Quiconque vous donnera à boire un verre d'eau pour la raison que vous êtes au Christ, en vérité, je vous le dis, il ne perdra pas sa récompense". Marc.9.41.

SOMMAIRE

pages